고득점 합격의 지름길

과학

행복한 상상, 바른교육
정훈사

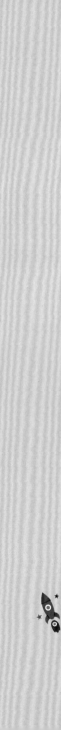

머리말

시작이 반이다.

　무엇이든지 시작한다는 것은 매우 중요합니다.

　그동안 여러 사정으로 배움의 길에서 멀어졌던 수험생 여러분에게 다시 공부한다는 것은 매우 힘들고 두려울 수도 있습니다. 그러나 앞으로의 자기 발전을 위해서는 지금 시작해야 한다는 결심이 중요합니다.

　과학은 많은 수험생들이 까다롭게 여기는 과목입니다. 하지만 각 부분의 기본 개념을 이해하고 기출문제를 포함하여 다양한 문제를 풀어보면 쉽게 접근할 수 있습니다. 이 책의 특징은 다음과 같습니다.

> 첫째, 　새롭게 개정된 교육과정을 반영하고, 교과 내용을 빈틈없이 분석하여 구성한 최신간입니다.
>
> 둘째, 　단원마다 중요 개념과 원리를 보다 쉽고 정확하게 이해할 수 있도록 교과 내용을 체계적이고 논리적으로 정리하였습니다.
>
> 셋째, 　학습 내용을 바로 확인할 수 있도록 문제를 구성하고 어려운 내용을 보다 쉽게 이해할 수 있도록 해설하였습니다.
>
> 넷째, 　기출문제를 분석하여 자주 출제되는 유형을 체크하고 문제마다 꼼꼼한 해설을 붙였습니다. 그리고 문제 해결력과 응용력을 길러 주는 단원 마무리 문제를 구성, 문제의 유형을 파악할 수 있도록 하였습니다.

　새롭게 시작하는 수험생 여러분에게 이 책이 조금이라도 도움이 되어 합격의 영광이 있기를 바랍니다.

편저자 일동

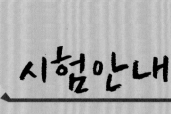

시험안내

1. 고시일정

회 차	공고일	접수일	시험일	합격자 발표
제1회	1월 말 ~ 2월 초	2월 초 ~ 중순	4월 초 ~ 중순	5월 중순 ~ 말
제2회	5월 말 ~ 6월 초	6월 초 ~ 중순	7월 말 ~ 8월 초	8월 말

2. 고시과목(6과목)

① 필수 4과목 : 국어, 사회, 수학, 과학

② 선택 2과목 : 도덕, 체육, 음악, 미술, 실과, 영어

3. 응시자격

① 검정고시가 시행되는 해의 전(前)년도를 기준으로 만 11세 이상인 사람으로서 초등학교 교육과정을 이수하지 아니한 사람

② 초등학교(특수학교 포함) 재학생 중 만 11세 이상인 사람으로서 학적이 정원 외로 관리되는 사람

③ 보호소년 등의 처우에 관한 법률 시행령 제69조 제1호에 해당하는 사람

4. 응시자격 제한

① 초등학교를 졸업한 사람

② 초등학교(특수학교 포함) 재학 중인 사람

③ 공고일 이후 초등학교(특수학교 포함)에 재학 중 학적이 정원 외로 관리되는 사람

④ 공고일 기준으로 고시에 관하여 부정행위를 한 사람으로서 처분일부터 응시자격 제한기간이 경과되지 아니한 사람

5. 제출서류(현장접수)

① 응시원서(소정서식) 1부

② 동일한 사진 2매(탈모 상반신, 3.5cm×4.5cm, 3개월 이내 촬영)

③ 본인의 해당 최종학력증명서 1부

- 졸업(졸업예정)증명서(소정서식)

- 초등학교 및 중학교 의무교육 대상자 중 정원 외 관리대상자는 정원 외 관리증명서

- 초등학교 및 중학교 의무교육 대상자 중 면제자는 면제증명서(소정서식)

- 평생교육법 제40조, 초·중등교육법 시행령 제96조제1항제2호 및 제97조제1항제3호에 따른 학력인정 대상자는 학력인정(증명)서

- 합격과목의 시험 면제를 원하는 사람은 과목합격증명서 또는 성적증명서

④ 신분증 : 주민등록증, 외국인등록증, 운전면허증, 대한민국 여권, 청소년증 중 하나

⑤ 추가 제출 서류

- 장애인 편의제공 대상자는 복지카드 또는 장애인등록증 사본(원본 지참), 장애인 편의제공 신청서, 상이등급 표시된 국가유공자증(국가유공자확인원)

- 과목면제 해당자 중 평생학습계좌제가 평가 인정한 학습과정 중 시험과목에 관련된 과정을 90시간 이상 이수한 사람은 평생학습이력증명서

6. 출제형태

① 출제유형 : 객관식 4지 선다형

② 문항수 및 배점 : 각 과목별 20문항, 1문항당 5점

③ 출제범위 : 2015 개정 교육과정

④ 합격점수 : 각 과목을 100점 만점으로 하여 평균 60점 이상
   ※ 평균이 60점 이상이라 하더라도 결시과목이 있을 경우에는 불합격 처리함

시험에 관한 자세한 사항은 해당 시·도 교육청 홈페이지에서 시험공고문을 확인하시기 바랍니다.

차 례

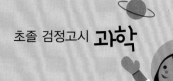

초졸 검정고시 **과학**

이 책의 구성

학습 point⁺

기출문제를 바탕으로 반드시
학습해야 할 이론과 출제 빈도가
높은 단원을 분석하여 미리
학습 방향을 제시했어요.

바로바로 확인 »

학습한 이론이 실제 어떻게
출제되는지 확인할 수 있도록
기출 문제를 바로 실었으니
내 실력을 바로 확인해 보세요.

중요⁺

시험에 자주 나오는
중요 이론을 요약하고
표시를 했어요.
이것만은 꼭! 알아두세요.

더 알아두기

본문에 나오는 내용을
좀 더 깊이 있게 설명하였으니,
가벼운 마음으로 읽어보세요.

실력 다지기
실전 예상 문제

기출문제를 꼼꼼하게 분석해
자주 나오는 문제를 선별하여
예상문제와 함께 실었으니,
이젠 내것으로 만들어보세요.

실력 점검하기
단원 마무리 문제

단원마다 배운 내용을 잊지 않도록
단원 마무리 문제를 수록하였으니 차근차근
풀어 보면서 실제 시험에 대비하세요.

Chapter

01

운동과 에너지

01 운동과 에너지

운동과 에너지에서는 힘과 운동, 전기와 자기, 열의 이동, 소리와 빛의 성질에 관한 내용을 학습합니다. 특히 용수철저울과 양팔저울로 무게 재기, 물체의 빠르기 비교, 도체와 부도체, 열의 전도, 평면거울과 볼록 렌즈의 특징은 꾸준히 출제되는 주제이므로 꼼꼼하게 익혀 두어야 합니다.

01 물체의 무게

1 용수철로 무게 재기

(1) 용수철저울의 명칭과 역할

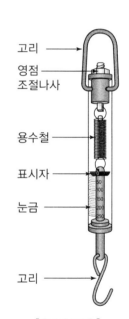

① **고리** : 위쪽 고리는 저울을 고정시킬 때 사용하고, 아래쪽 고리는 무게를 재고자 하는 물체를 매달 때 사용한다.

② **영점 조절 나사** : 물체의 무게를 재기 전에 눈금이 '0'을 가리키도록 조절하는 나사이다.

③ **용수철** : 통 안에 들어 있으며, 물체의 무게에 따라 늘어난다.

④ **눈금** : 물체의 무게를 나타내며, g 또는 kg 단위로 표시되어 있다.

⑤ **표시자** : 물체의 무게를 정확하게 읽을 수 있도록 눈금을 가리키도록 되어 있다.

[용수철저울]

용어설명 무게 : 지구가 물체를 끌어당기는 힘의 크기로, 지구는 무거운 물체를 가벼운 물체보다 더 세게 끌어당김

용수철저울 : 무게에 따라 용수철이 늘어난 길이가 변화하는 것을 이용하여 만든 저울

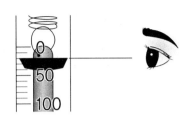

(2) 용수철저울의 사용 방법

① 아무것도 매달지 않은 상태에서 영점 조절 나사로 '0'을 가리키도록 맞춘다.

② 무게를 재고자 하는 물체를 고리에 매단다.

③ 표시자에 눈높이를 맞춘 후, 표시자가 가리키는 눈금을 읽는다.

[용수철저울의 눈금을 읽는 방법]

용수철저울로 무게를 잴 수 있는 물체

1. 저울의 측정 범위 안에 있는 물체를 잰다.
2. 너무 가벼운 물체는 용수철이 늘어나지 않기 때문에 무게를 잴 수 없다.
3. 너무 무거운 물체는 용수철이 늘어난 후, 원래의 길이로 돌아오지 않기 때문에 무게를 잴 수 없다.

(3) 용수철이 늘어난 길이와 무게 사이의 관계 중요⁺

① 실험 방법

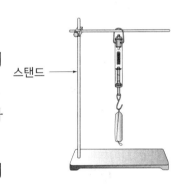

스탠드 →

㉠ 용수철을 스탠드에 건 후, 스탠드에 두꺼운 도화지를 끼우거나 붙인다.

㉡ 아무것도 매달지 않은 상태에서 용수철의 끝이 가리키는 곳에 눈금을 표시하고, '0'이라고 쓴다.

㉢ 추 1개를 용수철에 매단 후, 용수철이 늘어난 길이를 재어 표시하고 무게를 적는다.

㉣ 추의 개수를 늘려가면서 용수철에 매달아 용수철이 늘어난 길이를 재어 표시하고, 무게를 적는다.

② 실험 결과

추의 무게(g)	용수철의 늘어난 길이(cm)
20	2
40	4
60	6
80	8
100	10

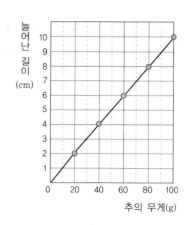

㉠ 추의 무게가 늘어날수록 용수철의 길이도 일정하게 늘어난다.

㉡ 추의 무게가 2배, 3배가 되면 용수철이 늘어난 길이도 2배, 3배로 늘어난다.

바름로 확인▶▶

다음 물체의 무게를 잴 때 용수철저울이 가장 많이 늘어나는 것은?

① 연필 15g   ② 자 30g
③ 지우개 40g   ❹ 필통 250g

2 수평 잡기로 무게 재기

(1) 수평 잡기 중요⁺

① 수평 잡기의 원리

㉠ 물체의 무게가 같은 경우 : 각각의 물체를 받침점으로부터 같은 거리에 놓으면 수평을 이룬다.

㉡ 물체의 무게가 다른 경우 : 무거운 물체를 가벼운 물체보다 받침점에 더 가까이 놓으면 수평을 이룬다.

용어설명 수평 : 어느 한쪽으로 기울어지지 않고, 평형을 이룬 상태

[양팔저울]

② 수평 잡기를 이용한 저울

㉠ 수평 잡기 : 어느 한쪽으로 기울어지지 않고, 평형을 이루도록 하는 것

㉡ 양팔저울, 윗접시 저울 : 한쪽 접시에는 물체를 놓고, 다른 쪽 접시에는 추를 올려놓아 수평을 잡은 후에 물체의 무게를 잰다.

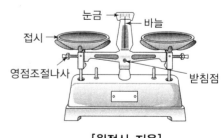

[윗접시 저울]

(2) 윗접시 저울을 이용하여 무게 재기

① 윗접시 저울 : 접시가 2개이며, 가운데를 중심으로 양팔이 위아래로 움직인다.

② 윗접시 저울로 무게 재기

   ㉠ 윗접시 저울의 영점을 조절한다.   ㉡ 한쪽 접시에 재고자 하는 물체를 올려놓는다.

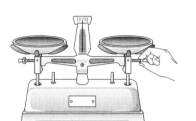 

   ㉢ 다른 쪽 접시에 집게로 분동을 올려놓는다.   ㉣ 여러 가지 분동을 놓으면서 저울의 팔이 수평이 되게 한다.

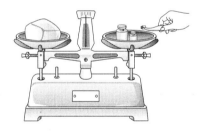 

   ㉤ 수평이 되면 접시 위에 있는 분동의 무게를 읽는다.

 분동 : 물체의 무게를 잴 때, 저울의 한쪽 접시 위에 올려놓아 무게를 재는 데 사용하는 추

더 알아두기

분동을 올려놓는 방법

1. 분동을 올려놓을 때에는 물체의 무게를 어림하여 물체의 무게와 가장 비슷한 무게의 분동부터 올려놓는다.
2. 무거운 분동을 먼저 올리고, 가벼운 분동을 올리고 내리면서 수평을 이루게 한다.

01 그림과 같이 용수철저울을 이용한 실험에서 측정할 수 `기출` 있는 것은?

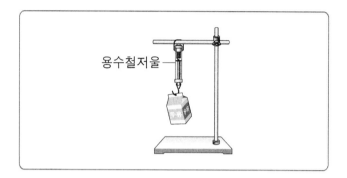

① 무게　　　　　② 부피
③ 습도　　　　　④ 온도

02 그림은 용수철저울로 추의 무게를 측정한 것이다. `기출` 다음 중 용수철저울의 눈금을 바르게 읽은 것은?

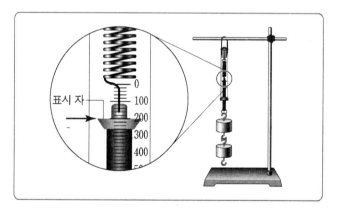

① 100　　　　　② 200
③ 300　　　　　④ 400

01
용수철저울은 물체의 '무게'에 따라 용수철이 늘어난 길이가 변화하는 것을 이용하여 무게를 재는 저울이다.

02
용수철저울의 무게를 측정할 때는 정면에서 바라본 후 표시자에 해당하는 눈금을 읽는다.

ANSWER
01. ① **02.** ②

03 다음 중 물체의 무게를 잴 때 용수철저울이 가장 많이 늘어나는 것은?

① 자 10g　　　　② 연필 15g

③ 공책 40g　　　④ 지우개 50g

03
물체의 무게가 무거울수록 용수철의 길이가 더 많이 늘어난다.

04 다음은 동일한 용수철에 물체를 각각 매달았을 때 용수철이 늘어난 길이를 나타낸 표이다. 이 중 가장 무거운 물체는?

물체	풀	가위	필통	지우개
늘어난 길이(cm)	3	7	6	5

① 풀　　　　　② 가위

③ 필통　　　　④ 지우개

04
7cm로 용수철이 가장 많이 늘어난 가위가 가장 무겁다.

05 다음 표의 실험 결과를 오른쪽 그래프에 나타내려고 한다. 80g을 매달았을 때, 표시해야 할 점의 위치로 알맞은 것은?

용수철에 매단 추의 무게(g)	용수철의 늘어난 길이(cm)
20	2
40	4
60	6
80	8
100	10

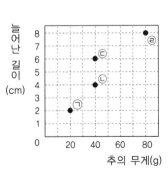

① ㉠　　　　　② ㉡

③ ㉢　　　　　④ ㉣

05
80g을 매달았을 때, 용수철의 늘어난 길이가 8cm이므로 ㉣에 표시해야 한다.

06 물체가 어느 쪽으로도 기울어지지 않고, 평형을 이룬 상태를 무엇이라고 하는가?

① 수직   ② 수평

③ 평행   ④ 평균

06

어느 한쪽으로 기울어지지 않고 평형을 이룬 상태를 '수평'이라고 한다.

07 **기출** 다음 중 그림의 나무판자를 수평으로 만들기 위해 ㉠과 무게와 크기가 같은 나무토막 ㉡을 놓아야 할 위치는?

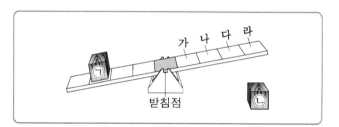

① 가   ② 나

③ 다   ④ 라

07

무게와 크기가 같은 나무토막을 놓아 나무판자가 수평이 되도록 하려면, 같은 거리만큼 떨어진 '다'에 올려놓아야 한다.

08 윗접시 저울의 사용 방법을 순서대로 바르게 나열한 것은?

㉠ 무게 읽기	㉡ 영점 조절하기
㉢ 분동 올려놓기	㉣ 물체 올려놓기

① ㉡ → ㉣ → ㉢ → ㉠

② ㉡ → ㉣ → ㉠ → ㉢

③ ㉣ → ㉡ → ㉢ → ㉠

④ ㉣ → ㉠ → ㉡ → ㉢

08

윗접시 저울로 무게 재기
1. 윗접시 저울의 영점을 조절한다.
2. 한쪽 접시에 재고자 하는 물체를 올려놓는다.
3. 다른 쪽 접시에 집게로 분동을 올려놓는다.
4. 여러 가지 분동을 놓으면서 저울의 팔이 수평이 되게 한다.
5. 수평이 되면 접시 위에 있는 분동의 무게를 읽는다.

A N S W E R

06. ②   **07.** ③   **08.** ①

09 다음과 같이 저울이 수평을 이루었을 때 ㉠에 알맞은 것은?
기출

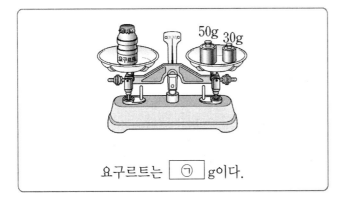

요구르트는 ㉠ g이다.

① 10g ② 30g

③ 50g ④ 80g

10 다음 중 수평 잡기의 원리를 이용한 저울은?

① 체중계 ② 전자저울

③ 양팔저울 ④ 가정용 저울

09

윗접시 저울에서 수평을 이룬 요구르트의 무게는 50g + 30g = 80g이다.

10

수평 잡기의 원리를 이용한 저울로 양팔저울, 윗접시 저울, 대저울 등이 있으며, 체중계와 가정용 저울은 물체를 매달수록 용수철의 길이가 많이 늘어나는 성질을 이용한 저울이다.

ⒶNⓈⓌⒺⓇ

09. ④ **10.** ③

02 물체의 속력

1 물체의 운동

(1) 물체의 운동을 나타내는 방법

① 운동 : 시간에 따라 물체의 위치가 변하는 것

② 위치 : 기준점으로부터 정해진 방향과 거리로 나타낸다.

③ 물체가 이동하는 데 걸린 시간과 위치 변화로 물체의 운동을 나타낸다.

(2) 물체의 빠르기 비교 중요⁺

① 일정한 거리 기준 : 이동하는 데 걸린 시간이 짧을수록 빠르다.

② 일정한 시간 기준 : 이동한 거리가 멀수록 빠르다.

> **바로바로 확인▶▶**
>
> 표는 50m 달리기 경기 기록을 나타낸 것이다. 가장 느리게 달린 학생은?
>
> | 학생 | (가) | (나) | (다) | (라) |
> |------|------|------|------|------|
> | 걸린시간 | 10초 | 15초 | 20초 | 25초 |
>
> ① (가) ② (나)
> ③ (다) ❹ (라)

2 물체의 속력

(1) 속력의 의미 중요⁺

① 속력 : 물체의 빠르기를 나타내며, 물체의 이동 거리를 걸린 시간으로 나누어 구한다.

$$속력 = \frac{이동\ 거리}{걸린\ 시간}$$

② 속력의 단위 : m/s, km/h 등으로 km, m, cm는 이동 거리를, h(hour : 시간), s(second : 초)는 시간을 나타낸다.

③ 속력의 표현 : 크기를 나타내는 숫자와 단위를 함께 써서 나타낸다.
　㉐ 5m/s : '오 미터 퍼 세컨드' 또는 '초속 오 미터'로 읽는다.
　　7km/h : '칠 킬로미터 퍼 아워' 또는 '시속 칠 킬로미터'로 읽는다.

(2) 물체의 빠르기를 그래프로 나타내어 비교하기

① 실험 방법

㉠ 20초 간격으로 2분 동안 고무동력수레의 이동 거리를 측정하고, 시간별 고무동력수레의 속력을 구한다.

㉡ 기록한 표를 거리–시간 그래프로 나타낸다.

㉢ 가장 빠른 구간의 속력과 가장 느린 구간의 속력을 그래프에서 선분이 기울어진 정도를 통해 비교해 본다.

② 실험 결과

시간(s)	0~20	20~40	40~60	60~80	80~100	100~120
거리(cm)	40	30	22	16	12	10
속력(cm/s)	2	1.5	1.1	0.8	0.6	0.5

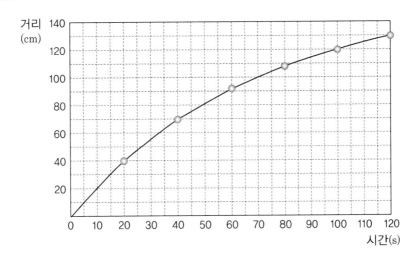

㉠ 가장 빠른 구간 : 0~20초 구간으로 선분이 기울어진 정도가 가장 크다.

㉡ 가장 느린 구간 : 100~120초 구간으로 선분이 기울어진 정도가 가장 작다.

㉢ 시간이 지날수록 고무동력수레의 속력은 점점 작아지며, 선분의 기울어진 정도도 작아진다. → 물체의 속력이 클수록 그래프에서 선분이 기울어진 정도(거리÷시간)가 큼

(3) 속력과 안전

① 자동차의 속력이 클 때 생기는 위험

    ㉠ 자동차의 속력이 클수록 충돌할 때 큰 충격이 가해져 탑승자와 보행자가 위험할 수 있다.

    ㉡ 속력이 클수록 자동차를 바로 멈출 수 없기 때문에 위험하다.

② 속력과 관련된 안전장치

    ㉠ 안전띠 : 위험한 상황에서 탑승자의 몸을 고정시켜 준다.

    ㉡ 에어백 : 충돌할 때 탑승자의 몸에 가해지는 충격을 줄여준다.

    ㉢ 안전 표지판 : 자동차의 속력을 제한해 사고를 막아 준다.

    ㉣ 과속 방지 턱 : 자동차의 속력을 줄여서 사고를 막아 준다.

01 다음 중 운동이 <u>아닌</u> 것은?

① 새가 날아간다.

② 자동차가 달린다.

③ 분수가 솟아오른다.

④ 라디오에서 음악 소리가 난다.

02 그림은 같은 시간 동안 교통수단이 이동한 거리를 나타 [기출] 낸 것이다. 다음 중 가장 먼 거리를 움직인 교통수단은?

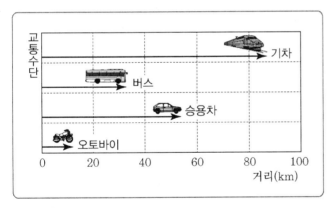

① 기차　　　　　② 버스

③ 승용차　　　　④ 오토바이

03 표는 학생들의 이동 거리와 걸린 시간을 나타낸 것이다. 가장 빨리 이동한 학생은?

학생	이동 거리(m)	걸린 시간(초)
민수	20	4
수진	20	6
경석	20	8
지혜	20	12

① 민수　　　　　② 수진

③ 경석　　　　　④ 지혜

03
이동 거리가 같을 때 걸린 시간이 짧을 수록 속도는 빠르다. 따라서 가장 빠르게 이동한 학생은 걸린 시간이 4초로 가장 짧은 민수이다.

04 다음은 자유형 50m 대회의 경기 기록을 나타낸 것이다. **기출** 가장 빠른 선수는?

이름	가람	나래	다솜	마루
걸린 시간	29초	28초	27초	30초

① 가람　　　　　② 나래

③ 다솜　　　　　④ 마루

04
걸린 시간이 적을수록 빨리 도착한 것이므로, 가장 빠른 선수는 순서대로 다솜(27초) – 나래(28초) – 가람(29초) – 마루(30초) 순이다.

05 ㉠에 들어갈 용어로 알맞은 것은?
기출

$$(㉠) = \frac{(\text{이동 거리})}{(\text{걸린 시간})}$$

① 무게　　　　　② 부피

③ 속력　　　　　④ 온도

05
속력은 물체의 빠르기를 나타내며, 물체의 이동 거리를 걸린 시간으로 나누어 구한다.

ANSWER
03. ①　04. ③　05. ③

06 100m를 25초 동안 달린 학생의 속력은?

① 2m/s   ② 2.5m/s

③ 4m/s   ④ 5m/s

06

$$\frac{100m}{25s} = 4m/s$$

07 다음 중 9m/s를 바르게 읽은 것은?

① 구 미터

② 구 세컨드

③ 구 미터 세컨드

④ 구 미터 퍼 세컨드

07

9m/s는 '구 미터 퍼 세컨드' 또는 '초속 구 미터'로 읽는다.

08 다음 그래프에서 속도가 가장 빠른 것은?

기출

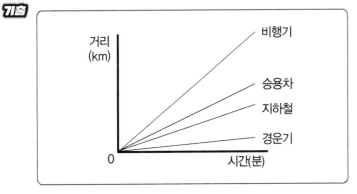

① 비행기   ② 승용차

③ 지하철   ④ 경운기

08

거리와 시간 그래프에서 기울기는 속도를 나타낸다. 기울기가 가장 큰 것이 속도가 가장 빠른 것이므로 비행기의 속도가 가장 빠르다.

A N S W E R

06. ③ 07. ④ 08. ①

09 도로에 설치된 안전장치가 <u>아닌</u> 것은?

① 안전띠

② 횡단보도

③ 과속 방지 턱

④ 어린이 보호구역 표지

10 다음 설명에 해당하는 것은?

기출

- 자동차에 설치된 안전장치 중 하나이다.
- 큰 속력으로 달리는 자동차가 충돌했을 때 탑승자의 몸에 가해지는 충격을 줄여준다.

① 도로   ② 가로등

③ 에어백   ④ 카메라

09
① 안전띠는 자동차에 설치된 안전장치이다.

10
에어백은 자동차에 설치된 안전장치의 하나로, 충돌할 때 탑승자의 몸에 가해지는 충격을 줄여준다.

ANSWER
09. ①   **10.** ③

03 자석과 전기 회로

1 자석과 전자석

(1) 자석의 성질 중요⁺

① **자석** : 철을 끌어당기는 성질이 있는 물체

② **자석의 극** : 자석에서 철로 된 물체가 많이 붙는 양쪽 끝부분으로 N극과 S극이 있다.

③ **자석에 붙는 물체와 붙지 않는 물체**

　㉠ 자석에 붙는 물체 : 못, 클립, 나사, 가위, 철사, 용수철 등

　㉡ 자석에 붙지 않는 물체 : 단추, 동전, 열쇠, 유리컵, 플라스틱 빨대 등

④ **자석 주위에 생기는 자기장** : 자석 주위에서는 철가루가 부드럽게 연결되어 늘어서거나 나침반의 바늘이 자석의 극을 가리킨다. 이런 현상은 자석 주위에 있는 '자기장' 때문에 일어난다.

(2) 자석의 이용

① **자석이 가리키는 방향**

　㉠ 막대자석을 물에 띄웠을 때 N극은 북쪽을 가리키고, S극은 남쪽을 가리킨다.

　㉡ 나침반 : 자석을 물에 띄웠을 때 항상 북쪽과 남쪽을 가리키는 성질을 이용하여 만든 도구로 N극(빨간색)은 북쪽을 가리킨다.

② **자석을 자석에 가까이 가져갈 때의 변화**

　㉠ 같은 극끼리 마주 보게 하여 가까이 가져갈 때 : 서로 밀어내는 느낌

      ⓛ 다른 극끼리 마주 보게 하여 가까이 가져갈 때 : 서로 끌어당기는 느낌

  ③ 막대자석 주위의 나침반 바늘의 변화

      ㉠ 막대자석의 N극을 나침반에 가져갈 때 : 나침반 바늘의 S극이 자석의 N극으로 끌려온다.

      ⓛ 막대자석의 S극을 나침반에 가져갈 때 : 나침반 바늘의 N극이 자석의 S극으로 끌려온다.

      ⓒ 막대자석을 나침반에서 멀어지게 할 때 : 나침반 바늘이 원래 가리키던 방향으로 되돌아간다.

(3) 전자석의 성질

  ① **전자석** : 원통 모양으로 감은 에나멜선에 전류를 흐르게 하면 에나멜선 주변에 자석처럼 자기장이 생기는데, 이렇게 전류가 흐를 때 자기장이 만들어지는 자석을 말한다.

  ② 전류가 흐를 때만 전자석에 N극과 S극이 생겨 자석의 성질을 가진다.

  ③ 전류의 방향이 바뀌면 양극의 위치가 바뀐다.

  ④ 직렬 연결한 전지의 개수가 많을수록, 에나멜선의 감은 수가 많을수록 전자석의 세기가 세어진다.

2 전기 회로

(1) 전기 회로와 전기 부품

  ① **전기 회로** : 전지, 전선, 전구, 스위치 등의 여러 가지 전기 부품을 연결한 것

  ② 전기 회로에서 전구에 불이 켜지는 것은 전기 회로에 전류가 흐르기 때문이다.

  ③ **전지** : 전기 회로에 전류를 흐르게 하며, 양쪽 끝에는 모양이 서로 같거나 다른 (+)극과 (−)극이 있다.

④ 전구 : 전선에 필라멘트를 연결한 것으로 유리구 안에는 필라멘트가 있으며, 필라 멘트에 전류가 흐르면 빛이 난다. 유리구, 필라멘트, 꼭지쇠, 꼭지 등으로 되어 있다.

㉠ 유리구 : 유리로 된 공 모양의 둥근 통

㉡ 필라멘트 : 유리구 속에 들어 있는 용수철 모양의 가느다란 전선으로 이것에 의해 빛이 발생한다.

㉢ 꼭지쇠 : 유리구 아래를 둥글게 싼 금속통

㉣ 꼭지 : 꼭지쇠의 밑에 아래로 튀어 나온 것으로, 꼭지쇠에 직접 연결되지 않는다.

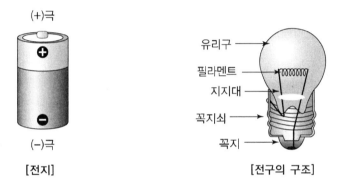

[전지]

[전구의 구조]

(2) 전구에 불이 켜지게 하는 방법

① 전선 2개를 이용하여 전지와 전구 를 연결할 때

② 전선 1개를 이용하여 전지와 전구 를 연결할 때

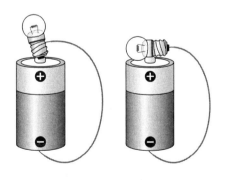

→ 전구에 불이 켜지려면 전지의 (+)극이 전구의 꼭지(꼭지쇠)에, 전지의 (−)극이 전구의 꼭지쇠 (꼭지)에 연결되어야 함

(3) 도체와 부도체 중요⁺

① **도체** : 전기가 통하는 물질을 말하며, 철, 구리, 알루미늄 등과 같은 금속이 있다.

② **부도체** : 전기가 통하지 않는 물질을 말하며, 종이, 유리, 비닐, 나무 등이 있다.

③ **도체와 부도체를 구별하는 방법** : 각각의 물체를 전기 회로에 연결하여 전구에 불이 켜지는지, 켜지지 않는지 확인한다.

바름로 확인 ▶▶

다음 중 구리 막대 대신 넣었을 때 전구에 불이 켜지는 것은?

구리 막대

❶ 철 막대   ② 유리 막대
③ 나무젓가락   ④ 고무지우개

(4) 전지의 연결 방법에 따라 달라지는 전구의 밝기

① 전지의 연결 방법에 따른 전구의 밝기

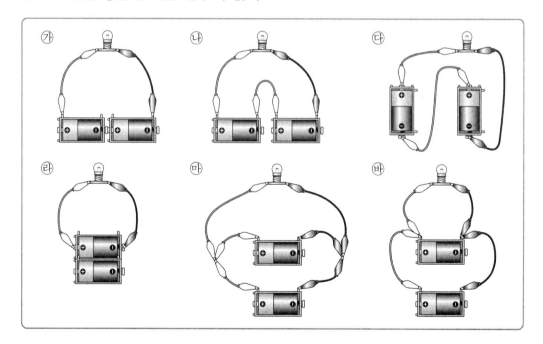

㉠ 전구의 밝기가 더 밝은 것 : ㉮, ㉯, ㉰ → 전지의 직렬 연결

㉡ 전구의 밝기가 덜 밝은 것 : ㉱, ㉲, ㉳ → 전지의 병렬 연결

② 전지의 직렬 연결과 병렬 연결

구분	전지의 직렬 연결	전지의 병렬 연결
전기 회로 그림		
연결 방법	전지 여러 개를 서로 다른 극끼리 한 길로 연결하는 방법	전지 여러 개를 2개 이상의 길로 연결하는 방법
전구의 밝기	전지를 많이 연결할수록 밝음	전지를 1개 연결했을 때와 같음
전지의 수명	오래 쓸 수 없음	오래 쓸 수 있음
전지 1개 빼기	전구의 불이 꺼짐	전구의 불이 꺼지지 않음

(5) 전구의 연결 방법에 따라 달라지는 전구의 밝기

① 전구의 연결 방법에 따른 전구의 밝기

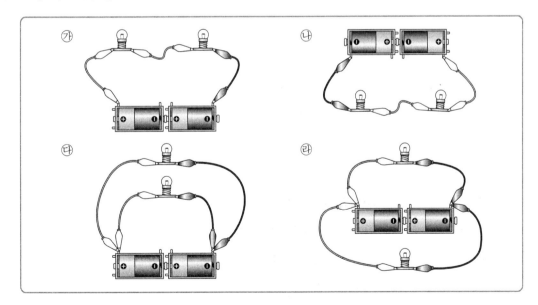

㉠ 전구의 밝기가 더 밝은 것 : ㉹, ㉺ → 전구의 병렬 연결

㉡ 전구의 밝기가 덜 밝은 것 : ㉮, ㉯ → 전구의 직렬 연결

② 전구의 직렬 연결과 병렬 연결

구분	전구의 직렬 연결	전구의 병렬 연결
전기 회로 그림		
연결 방법	전구 여러 개를 끊어지지 않은 한 길로 연결하는 방법	전구 여러 개를 2개 이상의 전선에 나누어 연결하는 방법
전구의 밝기	전구의 병렬 연결보다 덜 밝음	전구의 직렬 연결보다 더 밝음
전구 1개 빼기	남은 전구의 불이 꺼짐	남은 전구의 불이 꺼지지 않음

3 전기 절약과 전기 안전

(1) 전기를 절약하는 방법

① 에어컨을 켤 때에는 문을 닫는다.

② 전기 제품을 사용하지 않을 때는 꺼둔다.

③ 냉장고에 음식을 넣을 때는 식혀서 넣는다.

④ 이중창을 설치하여 실내 온도가 빠져나가지 않도록 한다.

⑤ 전기를 절약할 수 있는 발광 다이오드(LED) 등을 사용한다.

(2) 전기를 안전하게 이용하는 방법

① 콘센트에 젓가락 등을 집어넣지 않는다.

② 젖은 손으로 전기 제품을 만지지 않는다.

③ 플러그를 뽑을 때, 전선을 잡아당기지 않는다.

④ 사용하지 않는 전기 기구의 플러그는 반드시 뽑아 둔다.

⑤ 하나의 콘센트에 여러 개의 플러그를 한꺼번에 꽂아서 사용하지 않는다.

01 다음 중 자석에 붙는 물체는?

① 못
② 동전
③ 단추
④ 유리컵

02 자석의 극에 대한 설명으로 옳지 않은 것은?

① 자석에는 극이 2개 있다.
② N극은 항상 북쪽을 가리킨다.
③ 다른 극끼리 마주볼 때 서로 밀어낸다.
④ 철로 된 물체가 가장 많이 붙는 부분이다.

03 자석 주위에서 철가루가 부드럽게 연결되어 늘어서듯이 자석 주위에서 자석의 힘이 미치는 공간을 무엇이라 하는가?

① 전압
② 전류
③ 전자기
④ 자기장

04 ㉠에 공통으로 들어갈 말은?

기출

- 전지, 전선, 전구 등을 서로 연결해 전기가 흐르도록 한 것을 (㉠)(이)라고 한다.
- (㉠)에 흐르는 전기를 전류라고 한다.

① 고무
② 나무
③ 비닐
④ 전기 회로

05 다음 전구의 구조에서 필라멘트는 어느 것인가?

기출

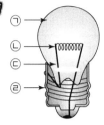

① ㉠

② ㉡

③ ㉢

④ ㉣

06 다음 중 전구에 불이 켜지는 것은?

①

②

③

④

07 다음 전기 회로 중 스위치를 닫을 경우, 전구의 불이 가장 밝은 것은?

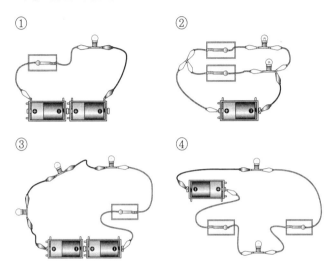

① ② ③ ④

07
전지를 많이 연결할수록 전구의 불이 밝아지고, 직렬 연결된 전구의 수가 늘어날수록 전구의 불이 어두워진다.

08 다음 설명에서 ㉠에 공통으로 들어갈 말로 알맞은 것은?

기출

• (㉠)은/는 전류가 흐를 때만 자석의 성질이 나타난다.
• 자기 부상 열차는 (㉠)을/를 이용한 예이다.

① 온도계 　　　② 전자석
③ 집기병 　　　④ 스포이트

08
전자석이란 원통 모양으로 감은 에나멜선에 전류를 흐르게 하면 에나멜선 주변에 자석처럼 자기장이 생기는데, 이렇게 전류가 흐를 때 자기장이 만들어지는 자석을 말한다. 전류가 흐를 때만 전자석에 N극과 S극이 생겨 자석의 성질을 가지며 전류의 방향이 바뀌면 양극의 위치도 바뀐다.

A N S W E R
07. ① 08. ②

09 **기출** ㉠~㉣ 중 전자석의 세기가 가장 센 것은?
(단, 나머지 조건은 모두 동일하다.)

전자석	전지의 수(개)	에나멜선을 감은 수(번)
㉠	1	100
㉡	1	400
㉢	2	100
㉣	2	400

① ㉠   ② ㉡

③ ㉢   ④ ㉣

09
직렬 연결한 전지의 개수가 많을수록, 에나멜선의 감은 수가 많을수록 전자석의 세기가 세어지므로, ㉣ 전자석의 세기가 가장 세다.

10 ㉠에 알맞은 용어와 그 예를 옳게 짝지은 것은?

> 전기가 잘 흐르는 물질을 (㉠)라고 한다.

① 도체 – 구리   ② 도체 – 유리

③ 부도체 – 철   ④ 부도체 – 비닐

10
도체는 철, 구리, 알루미늄 등의 금속과 같이 전기가 잘 통하는 물질을 말한다.

11 **기출** 다음 중 ㉠에 들어갈 말은?

종이, 유리, 비닐에는 전류가 잘 흐르지 않아.

그런 물질을 ㉠ (이)라고 해.

① 철   ② 구리

③ 도체   ④ 부도체

11
• 도체 : 전기가 통하는 물질을 말하며 철, 구리, 알루미늄 등과 같은 금속이 있다.
• 부도체 : 전기가 통하지 않는 물질을 말하며 종이, 유리, 비닐, 나무 등이 있다.
도체와 부도를 구별하기 위해서는 각각의 물체를 전기 회로에 연결하여 전구에 불이 켜지는지, 켜지지 않는지 확인하는 방법이 있다.

-----ANSWER-----------------
09. ④   **10.** ①   **11.** ④

12 다음 중 스위치를 닫았을 때, 전구에 불이 켜지는 것 은?

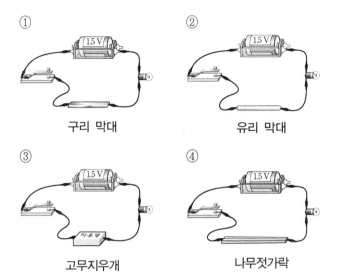

① 구리 막대

② 유리 막대

③ 고무지우개

④ 나무젓가락

12
전구에 불이 켜지기 위해서는 전기가 통해야 하므로 구리 막대를 연결한 전구에 불이 켜질 것이다. 유리 막대, 고무지우개, 나무젓가락은 전기가 통하지 않는 부도체이다.

13 다음 중 전기를 이용하는 방법으로 옳지 않은 것은?

① 월 1회 누전 차단기를 확인한다.

② 젖은 손기로 전기 제품을 만지지 않는다.

③ 플러그를 뽑을 때, 전선을 잡아당기지 않는다.

④ 사용하지 않는 전기 기구의 플러그는 그대로 꽂아 둔다.

13
④ 사용하지 않는 전기 기구의 플러그 는 반드시 뽑아 둔다.

ANSWER
12. ① **13.** ④

04 온도와 열의 이동

1 온도와 온도 변화

(1) 온도와 온도계

① 온도 : 물질의 차갑거나 따뜻한 정도를 숫자로 나타낸 것으로, 단위는 ℃(섭씨도)를 사용한다.

② 온도계 : 물질의 온도를 측정할 때 사용하는 도구이다.

③ 온도계의 눈금 읽기 : 온도계의 액체가 더 이상 움직이지 않을 때 액체 기둥의 끝이 닿은 위치에 눈높이를 맞추어 눈금을 읽는다.

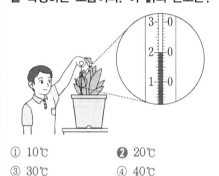

바로로 확인 ▶▶

그림은 온도계로 화분에 있는 **흙의 온도**를 측정하는 모습이다. 이 흙의 온도는?

① 10℃   ❷ 20℃
③ 30℃   ④ 40℃

(2) 온도 변화 중요⁺

① 온도가 낮은 물질 : 시간이 지나면 온도가 높아진다.

② 온도가 높은 물질 : 시간이 지나면 온도가 낮아진다.

③ 열은 온도가 높은 물질에서 온도가 낮은 물질로 이동한다.

④ 온도가 다른 두 물질이 접촉한 상태로 시간이 지나면 열의 이동으로 두 물질의 온도는 같아진다.

바로로 확인 ▶▶

다음과 같은 현상이 일어나는 이유는?

• 달걀을 삶은 직후 찬물에 담그면 달걀이 식는다.
• 따뜻한 손난로를 들고 있으면 차가운 손이 따뜻해진다.

❶ 열이 이동하기 때문에
② 물질의 양이 변하기 때문에
③ 물질의 성질이 변하기 때문에
④ 물질의 상태가 변하기 때문에

2 열의 이동

(1) 고체에서의 열의 이동 중요+

① 실험 방법

ㄱ 은박 접시 2개에 촛농을 여러 군데 떨어뜨린다.

ㄴ 알코올램프로 은박 접시의 가운데와 가장자리를 가열하면서 관찰한다.

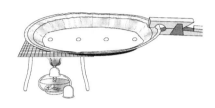

용어설명 알코올램프 : 주로 실험실에서 사용하는 알코올을 연료로 하는 소형 가열기구

② 실험 결과

ㄱ 은박 접시의 가운데 부분을 가열했을 때 : 가운데 부분의 촛농부터 녹기 시작한다.

ㄴ 은박 접시의 가장자리 부분을 가열했을 때 : 가장자리 부분의 촛농부터 녹기 시작한다.

ㄷ 은박 접시 위의 촛농은 알코올램프로 가열하는 부분에서 가까운 곳에서 먼 곳의 순서로 녹는다.

③ 전도 : 고체에서 열이 전달될 때, 온도가 높은 곳에서 낮은 곳으로 열이 차례차례 전달되는 방법

④ 고체의 종류에 따른 열이 전달되는 정도

ㄱ 열이 잘 전달되는 고체 : 은, 구리, 철과 같은 금속

ㄴ 열이 잘 전달되지 않는 고체 : 나무, 플라스틱, 천, 유리 등 금속이 아닌 물질

⑤ 열이 전달되는 정도의 차이를 이용한 생활용품

ㄱ 냄비 : 바닥과 벽은 열이 잘 전달되는 금속으로, 손잡이 부분은 열이 잘 전달되지 않는 플라스틱으로 되어 있다.

ㄴ 오븐용 쟁반과 장갑 : 쟁반은 열이 잘 전달되는 금속으로, 장갑은 열이 잘 전달되지 않는 두꺼운 천으로 되어 있다.

(2) 액체에서의 열의 이동

① 실험 방법

㉠ 물을 $\frac{2}{3}$ 정도 넣은 시험관에 톱밥을 조금 넣는다.

㉡ 시험관을 스탠드에 고정시키고, 시험관의 중간 부분과 시험관의 바닥 부분을 가열하면서 톱밥의 움직임을 관찰한다.

② 실험 결과

㉠ 시험관의 중간 부분을 가열했을 때 : 따뜻해진 물이 위로 올라가고, 위에 있던 차가운 물이 아래로 내려오므로, 가열하는 중간 부분보다 위쪽의 물에서 톱밥이 위아래로 움직인다.

㉡ 시험관의 바닥 부분을 가열했을 때 : 따뜻해진 물이 위로 올라가고, 위에 있던 차가운 물이 아래로 내려오므로, 가열하는 바닥 부분보다 위쪽의 물에서 톱밥이 위아래로 움직인다.

→ 따뜻해진 물은 위로 올라가서 열을 전달함

③ 대류 : 액체를 이루고 있는 물질이 직접 이동하여 열이 전달되는 방법

④ 액체의 아래쪽을 가열하면 열이 전달되어 따뜻해진 액체가 주위보다 가벼워져서 계속 위로 올라가고, 위에 있던 차가운 액체는 내려와 나중에는 액체 전체가 데워져 온도가 같아진다.

(3) 기체에서의 열의 이동

① 온도가 다른 공기의 움직임

㉠ 향을 피워 문의 위쪽 틈에 대었을 때 : 향 연기가 밖으로 나간다.

→ 따뜻한 공기가 위로 올라가 문의 위쪽 틈으로 빠져나가기 때문에 향 연기도 밖으로 나가게 됨

㉡ 향을 피워 문의 아래쪽 틈에 대었을 때 : 향 연기가 안으로 들어온다.

→ 차가운 공기가 문의 아래쪽 틈으로 들어오기 때문에 향 연기도 안쪽으로 들어오게 됨

② 기체의 대류 : 기체를 이루고 있는 물질이 직접 이동하여 열이 전달되는 방법

③ 기체에서 대류 현상이 일어나는 예

   ⊙ 겨울철에 실내에서 난방 기구를 틀면 따뜻한 공기는 주위 공기보다 가벼워서 위로 올라가고, 위에 있던 차가운 공기는 따뜻한 공기보다 무거워서 아래로 내려와 방 안 전체의 공기가 따뜻해진다.

   ⊙ 여름철에 냉방 기구를 틀면 차가운 공기는 주위 공기보다 무거워서 아래로 내려오고, 아래에 있던 따뜻한 공기는 가벼워 위로 올라가 방 안 전체의 공기가 시원해진다.

(4) 단열

① 단열 : 열의 전달을 막는 것

② 단열의 예

이중 유리창	이중 유리창 속에는 공기가 있어 열이 잘 들어오거나 나가지 못하게 함
집의 외벽	벽돌 사이를 5cm 정도 띄우고, 그 사이에 스티로폼이나 기포 콘크리트를 넣어 단열 효과를 높임
보온병	• 마개는 열을 잘 전도하지 않는 플라스틱을 주로 사용함 • 열의 전도와 대류를 막기 위해 안쪽과 바깥쪽 벽 사이의 공기를 빼내어 진공 상태로 만듦 • 빛에 의해 열이 밖으로 나가지 않도록 내부 표면을 반짝이게 하여 빛이 반사되도록 함
북극곰	털 사이에 있는 공기층이 체온을 빼앗기지 않도록 도와줌
방한복	섬유 속에 공기층이 있어 체온을 빼앗기지 않도록 도와줌

③ 단열을 위한 재료 : 솜, 천, 종이, 나무, 공기, 스티로폼, 플라스틱, 가죽 등 열 전도율이 낮은 물질

실전 예상 문제

01 그림의 대화 내용에 해당하는 것은?

기출

 물질의 차갑거나 따뜻한 정도를 정확하게 나타낼 수 있을까?

 숫자에 단위 ℃(섭씨도)를 붙여 나타낼 수 있어.

① 길이
② 소리
③ 시간
④ 온도

01

온도는 물질의 차갑거나 따뜻한 정도를 숫자로 나타낸 것으로, 단위는 ℃(섭씨도)를 사용한다. 물질의 온도를 측정할 때는 온도계를 사용한다.

02 그림의 온도계를 보고 알 수 있는 방 안의 온도는?

기출

40℃
30℃
20℃

① 10℃
② 20℃
③ 30℃
④ 40℃

02

온도계 눈금이 30을 가리키고 있으므로 방 안의 온도는 30℃이다.

03 다음 설명에서 ㉠에 해당하는 것은?

고체에서 열이 전달될 때 온도가 높은 곳에서 낮은 곳으로 열이 차례차례 전달되는데, 이러한 열의 이동 방법을 ㉠ (이)라고 한다.

① 대류
② 전도
③ 단열
④ 습도

03

① 대류 : 액체를 이루고 있는 물질이 직접 이동하여 열이 전달되는 방법
③ 단열 : 열의 전달을 막는 것
④ 습도 : 공기 중에 수증기가 포함된 정도

ANSWER

01. ④ **02.** ③ **03.** ②

04 다음 중 열이 잘 전달되는 고체는?

① 은   ② 유리

③ 나무   ④ 플라스틱

04
- 열이 잘 전달되는 고체 : 은, 구리, 철과 같은 금속
- 열이 잘 전달되지 않는 고체 : 나무, 플라스틱, 천, 유리 등 금속이 아닌 물질

05 은박 접시에 촛농을 떨어뜨린 후 은박 접시의 가장자리를 가열했을 때, 촛농이 녹는 방향을 나타낸 것으로 옳은 것은?

① 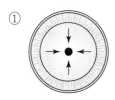   ②

③ 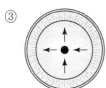   ④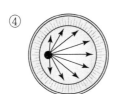

05
은박 접시 위의 촛농은 가열하는 부분에서 가까운 곳에서 먼 곳의 순서로 녹는다.

06 열 변색 붙임 딱지가 붙은 구리판을 그림과 같이 가열할 때 가장 늦게 색이 변하는 위치는?

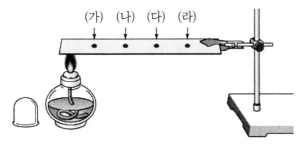

① (가)   ② (나)

③ (다)   ④ (라)

06
열의 온도가 높은 곳에서 낮은 곳으로 전달되므로 (가)의 색이 가장 먼저 변하고, (라)의 색이 가장 늦게 변한다.

ANSWER

04. ①   **05.** ④   **06.** ④

07 그림은 물이 담긴 주전자를 가열했을 때 열의 이동을 **기출** 나타낸 것이다. ㉠에 들어갈 말은?

온도가 높아진 물은 위로 올라가고, 위에 있던 물은 아래로 밀려 내려오는 과정을 (㉠)(이)라고 한다.

① 대류
② 바람
③ 안개
④ 광합성

07

대류는 액체를 이루고 있는 물질이 직접 이동하여 열이 전달되는 방법이다.

08 그림과 같은 실험의 결과를 설명한 것으로 옳은 것은? **기출**

차가운 물   따뜻한 물

① 따뜻한 물의 온도가 높아진다.
② 차가운 물의 온도가 낮아진다.
③ 두 가지 물의 온도가 비슷해진다.
④ 두 가지 물의 온도가 모두 높아진다.

08

따뜻한 물이 든 비커에 차가운 물이 든 용기를 넣으면 차가운 물의 온도는 올라가고, 따뜻한 물의 온도는 내려가 두 가지 물의 온도가 비슷해진다.

09 향을 피워 문의 위쪽 틈에 대었을 때의 결과로 옳은 것은?

① 향 연기가 밖으로 나간다.
② 향 연기가 안으로 들어온다.
③ 향 연기가 이동하지 않는다.
④ 향 연기가 아래쪽으로 이동한다.

09

향을 피워 문의 위쪽 틈에 대었을 때, 따뜻한 공기가 위로 올라가 문의 위쪽 틈으로 빠져나가기 때문에 향 연기도 밖으로 나가게 된다.

ANSWER
07. ① **08.** ③ **09.** ①

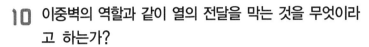

10 이중벽의 역할과 같이 열의 전달을 막는 것을 무엇이라고 하는가?

① 전도　　　　　② 단열

③ 복사　　　　　④ 대류

10

단열은 열의 전달을 막는 것으로, 이중 유리창, 집의 외벽, 보온병, 북극곰, 방한복 등을 단열의 예로 들 수 있다.

11 다음 중 단열을 위한 재료로 옳지 <u>않은</u> 것은?

① 솜　　　　　　② 천

③ 나무　　　　　④ 구리

11

단열을 위한 재료 : 솜, 천, 종이, 나무, 공기, 스티로폼, 플라스틱, 가죽 등 열전도율이 낮은 물질

ANSWER

10. ②　11. ④

05 소리의 성질

(1) 소리의 발생

① 물체에서 소리가 날 때의 공통점

㉠ 물체가 떨면 소리가 난다.

㉡ 소리에 따라 물체가 떨리는 정도가 다르다.

→ 물체가 크게 떨리면 큰 소리가 나고, 작게 떨리면 작은 소리가 남

㉢ 물체를 떨리지 않게 하면 소리가 나지 않는다.

② 소리를 내는 방법 : 입으로 불기, 손으로 치거나 두드리기, 손가락으로 뚱기기, 채로 긁거나 문지르기 등

③ 악기에 따른 소리의 발생

관악기	입으로 불었을 때 관 속의 공기가 진동하여 소리가 남
타악기	손이나 채로 두드렸을 때 판이 진동하여 소리가 남
현악기	손가락으로 뚱기거나 채로 문질렀을 때 줄이 진동하여 소리가 남

(2) 소리의 세기

① 소리의 세기 : 소리의 크고 작은 정도

② 소리의 세기 비교하기

㉠ 북을 북채로 세게 칠 때 : 북이 크게 떨리며 큰 소리가 난다.

㉡ 북을 북채로 약하게 칠 때 : 북이 작게 떨리며 작은 소리가 난다.

(3) 소리의 높낮이

① 소리의 높낮이 : 소리의 높고 낮은 정도

② 소리의 높낮이 비교하기

㉠ 관악기의 관의 길이가 길수록 낮은 소리가 나고, 짧을수록 높은 소리가 난다.

    ⓛ 타악기의 판의 길이가 길수록 낮은 소리가 나고, 짧을수록 높은 소리가 난다.

    ⓒ 현악기의 줄의 길이가 길수록 낮은 소리가 나고, 짧을수록 높은 소리가 난다.

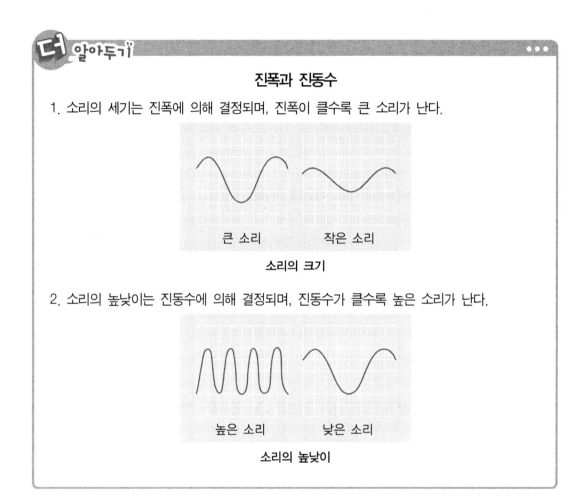

진폭과 진동수

1. 소리의 세기는 진폭에 의해 결정되며, 진폭이 클수록 큰 소리가 난다.

큰 소리   작은 소리

소리의 크기

2. 소리의 높낮이는 진동수에 의해 결정되며, 진동수가 클수록 높은 소리가 난다.

높은 소리   낮은 소리

소리의 높낮이

(4) 소리의 전달

① 소리가 전달되는 과정 : 물체의 떨림이 주위의 공기에 전달되고, 공기의 떨림이 귀로 전달된다.

② 우리 생활의 대부분의 소리는 기체인 공기를 통해 전달된다.

③ 나무와 철과 같은 고체, 물과 같은 액체를 통해서도 소리가 전달된다.

④ 공기가 없는 우주에서는 소리가 전달되지 않는다.

01 소리가 나는 물체에 대한 설명으로 옳은 것은?

① 물체가 떨면 소리가 난다.

② 물체가 커지면 소리가 난다.

③ 물체가 뜨거워지면 소리가 난다.

④ 물체가 무거워지면 소리가 난다.

02 소리가 전달되는 과정을 순서대로 바르게 나열한 것은?

> ㉠ 귀에 전달   ㉡ 공기의 떨림
> ㉢ 물체의 떨림   ㉣ 공기에 전달

① ㉡ → ㉢ → ㉣ → ㉠   ② ㉡ → ㉣ → ㉢ → ㉠

③ ㉢ → ㉣ → ㉡ → ㉠   ④ ㉣ → ㉡ → ㉢ → ㉠

03 ㉠~㉣ 중 실로폰을 칠 때 가장 높은 소리가 나는 것은?

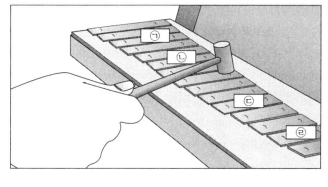

① ㉠   ② ㉡

③ ㉢   ④ ㉣

01

소리가 나는 물체는 떨림이 있고, 물체를 떨리지 않게 하면 소리가 나지 않는다.

02

소리가 전달되는 과정 : 물체의 떨림이 주위의 공기에 전달되고, 공기의 떨림이 귀로 전달됨

03

타악기의 판의 길이가 길수록 낮은 소리가 나고, 판의 길이가 짧을수록 높은 소리가 난다.

ANSWER
01. ① **02.** ③ **03.** ④

06 빛, 거울, 렌즈

1 빛

(1) 빛의 직진 중요⁺

① 빛의 직진 : 빛이 사방으로 곧게 뻗어나 가는 현상 → 빛은 공기 중에서 곧게 나아감

② 빛이 직진하는 성질 때문에 눈과 물체 사이에 불투명한 물체가 있으면 물체를 볼 수 없다.

③ 직진하는 빛이 물체를 통과하지 못하면 물체 모양과 비슷한 그림자가 생긴다.

→ 그림자가 생기는 조건 : 빛과 물체가 있어야 함

④ 물체가 빛을 통과시키는 정도에 따라 그림 자의 진하기가 달라진다.

바로로 확인 ▶▶

다음 중 손전등으로 받침대 위 ㄱ자 모양 블록을 비추었을 때, 스크린에 비친 그림자의 모양으로 가장 적절한 것은?

❶ ㄱ
② ㄴ
③ ㄷ
④ ㄹ

더 알아두기

바늘구멍 사진기의 원리

1. 빛은 직진하기 때문에 한 점에서 나아간 빛 중에서 사각형 가림판으로 가려진 빛은 스크린에 도달하지 못해 스크린에는 사각형 그림자가 생기게 된다.

2. 사각형 가림판에 조그만 원형 구멍을 뚫으면 원형 구멍을 향하는 빛은 사각형 가림판에 의해 가려지지 않고, 그대로 통과하기 때문에 사각형 그림자 안에 밝은 원이 생긴다.

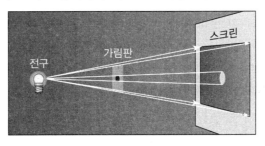

(2) 빛의 반사

① 빛의 반사 : 빛이 직진하다가 물체를 만나면 물체의 표면에서 진행 방향이 꺾여 나아가게 되는 현상

② 거울 표면에서의 빛의 반사

㉠ 빛이 거울 표면을 만나면 한 방향으로 반사하여 나아간다.

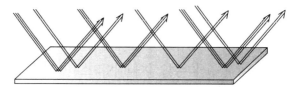

[거울 표면에서 빛의 반사]

㉡ 물체에서 출발한 빛은 거울 표면에서 반사되어 우리 눈으로 들어오므로 우리는 거울에 비친 모습을 볼 수 있다.

㉢ 잠망경으로 물체를 보면 빛이 잠망경의 위쪽 거울에 반사된 후, 아래쪽 거울에서 다시 반사되어 눈에 들어오므로 물체가 똑바로 보인다.

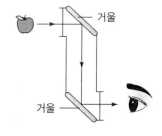

용어 설명 ▶ 잠망경 : 현재 위치에서 보이는 물체를 넘어서 또는 관통하여 관측할 수 있게 해 주는 도구

(3) 빛의 굴절

① 빛의 굴절 : 빛이 공기 중에서 물속으로 들어갈 때 공기와 물의 경계면에서 빛의 진행 방향이 꺾여 들어가게 되는 현상

② 빛이 물속에서 공기 중으로 나올 때에도 물과 공기의 경계면에서 굴절된다.

③ 물과 공기의 경계면, 유리와 공기의 경계면과 같이 투명한 물질이 만나는 경계면에서는 빛의 굴절이 일어난다.

④ 빛이 공기 중에서 물속으로 들어갈 때나 물속에서 공기 중으로 나올 때, 수직으로 진행한 빛은 진행 방향이 꺾이지 않고, 그대로 나아간다.

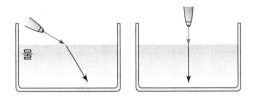

[빛이 공기 중에서 물속으로 들어갈 때]

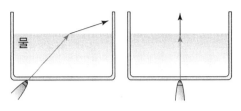

[빛이 물속에서 공기 중으로 나올때]

⑤ 빛의 굴절의 예

　㉠ 물속에 젓가락을 넣으면 꺾여 보인다.

　㉡ 물속의 금붕어는 실제보다 커 보인다.

　㉢ 물속에 서 있을 때, 다리가 짧아 보인다.

　㉣ 물속의 물체가 실제 위치보다 떠 보인다.

2 거울

(1) 평면거울 중요⁺

① 상은 거울과 물체 사이의 거리만큼 떨어져 보인다.

② 상하는 바뀌지 않지만, 좌우는 바뀐다.

바로 확인 ▶▶

다음 글자를 평면거울에 비추었을 때 보이는 모양은?

과학

① 과학　　　❷ 챧뇬

③ 챧뇬　　　④ 뇬챧

(2) 볼록 거울과 오목 거울

구분	볼록 거울	오목 거울
거울의 모양		
가까이 있는 물체를 볼 때	물체가 실제보다 작게 보이고, 바로 보이며, 넓은 곳까지 보임	물체가 실제보다 크게 보이고, 바로 보임
멀리 있는 물체를 볼 때	물체가 실제보다 더 작게 보이고, 바로 보임	물체가 실제보다 작게 보이고, 거꾸로 보임

구분	볼록 거울	오목 거울
거울에 빛을 비추었을 때	빛이 퍼져 나아감	빛이 한 곳으로 모임
예	굽은 길의 안내 거울, 가게 천장의 거울	손거울, 반사경

3 렌즈

(1) 렌즈의 특징

렌즈를 통하여 물체를 보면 빛이 굴절하기 때문에 물체의 크기가 변해 보이기도 하고, 물체의 상하좌우가 바뀌어 보이기도 한다.

바로로 확인 ▶▶

돋보기의 특징으로 옳은 것은?
① 오목 렌즈이다.
❷ 볼록 렌즈이다.
③ 가운데가 얇다.
④ 물체가 실체보다 작게 보인다.

(2) 볼록 렌즈와 오목 렌즈 중요⁺

구분	볼록 렌즈	오목 렌즈
렌즈의 모양		
가까이 있는 물체를 볼 때	물체가 실제보다 크게 보이고, 바로 보임	물체가 실제보다 작게 보이고, 바로 보임
멀리 있는 물체를 볼 때	물체가 실제보다 작게 보이고, 거꾸로 보임	물체가 실제보다 더 작게 보이고, 바로 보임
렌즈에 빛을 비추었을 때	빛이 한 곳으로 모임 (초점)	빛이 퍼져 나아감
예	원시 안경, 돋보기	근시 안경, 졸보기

실력 다지기
실전 예상 문제

01 빛이 사방으로 곧게 뻗어나가는 현상을 무엇이라고 하는가?

① 빛의 직진
② 빛의 반사
③ 빛의 굴절
④ 빛의 흡수

01
빛의 직진 : 빛이 공기 중에서 사방으로 곧게 뻗어나가는 현상

02 다음 중 ㉠에 들어갈 물체는?
기출

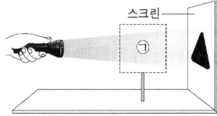

02
빛은 직진하는 성질이 있으므로 한 점에서 나아간 빛이 스크린에 도달할 때 물체와 비슷한 모양의 그림자가 생기게 된다.

①

②

③

④

03 ㉠에 들어갈 말로 알맞은 것은?

> 곧게 나아가던 빛이 거울에 닿으면 [㉠] 되어 방향이 바뀐다.

① 직진
② 반사
③ 굴절
④ 흡수

03
빛이 거울 표면을 만나면 한 방향으로 반사하여 나아간다.

ANSWER
01. ① 02. ② 03. ②

04 거울에서 빛이 반사되는 모양을 바르게 나타낸 것은?

①

②

③

④

04

거울 표면에서의 빛의 반사 모양

05 다음과 같은 현상과 관계있는 빛의 성질은 무엇인가?

- 물속에 있는 막대가 휘어 보인다.
- 물속의 금붕어는 실제보다 커 보인다.
- 물속의 물체가 실제 위치보다 떠 보인다.

① 빛의 반사　　　② 빛의 굴절

③ 빛의 직진　　　④ 빛의 흡수

05

빛의 굴절 : 빛이 공기 중에서 물속으로
들어갈 때 공기와 물의 경계면에서 빛의
진행 방향이 꺾여 들어가게 되는 현상

06 빛이 공기 중에서 물속으로 들어갈 때의 방향을 바르게
그린 것은?

①
공기
물

②
공기
물

③
공기
물

④
공기
물

06

빛이 공기 중에서 물속으로 들어갈 때
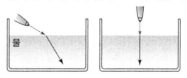

07 다음 설명에 해당하는 것은?

> 빛의 반사를 이용해 물체의 모습을 비추는 도구

① 거울   ② 렌즈
③ 안경   ④ 돋보기

08 평면거울에 비친 모습과 실제의 모습이 다른 점은?

① 물체의 크기   ② 물체의 상하
③ 물체의 색깔   ④ 물체의 좌우

09 볼록 렌즈의 모양에 대한 설명으로 옳은 것은?

① 가운데나 가장자리가 모두 얇다.
② 가운데나 가장자리가 모두 두껍다.
③ 가운데 부분이 얇고, 가장자리가 두껍다.
④ 가운데 부분이 두껍고, 가장자리가 얇다.

10 그림과 같이 신문 가까이에 돋보기를 대고 글자를 보았
기출 을 때 글자의 모습은?

① 글자가 거꾸로 보인다.

② 글자가 더 크게 보인다.

③ 글자가 더 작게 보인다.

④ 글자가 투명해져서 안 보인다.

10
돋보기는 가까이 있는 물체를 실제보다 크게 보이게 하는 볼록 렌즈의 성질을 이용하여 만든 것이다.

11 그림은 레이저 지시기에서 빛이 나아가 어떤 물체를
기출 통과하는 모습을 나타낸 것이다. ㉠에 해당하는 것은?

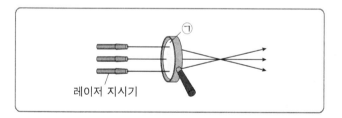

레이저 지시기

① 거울   ② 구리판

③ 볼록 렌즈   ④ 나무젓가락

11
볼록 렌즈에 빛을 비추었을 때 빛이 한 곳으로 모인다.

12 다음 중 오목 렌즈는 어느 것인가?

①

②

③

④

12

오목 렌즈는 가운데보다 가장자리가 두 꺼운 렌즈로, 물체가 작고 똑바로 보인다.

ANSWER

12. ③

01 그림은 용수철저울로 물체의 무게를 잰 결과이다. 이 물체의 무게는 얼마인가? (단, 무게의 단위는 g이다.)

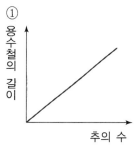

① 50g

② 90g

③ 100g

④ 110g

02 용수철이 늘어나는 길이와 추의 수와의 관계를 나타내는 그래프로 옳은 것은?

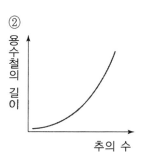

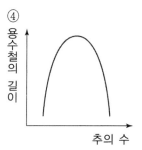

01

표시자와 눈금이 일치하는 선을 읽으면 물체의 무게는 90g이다.

02

추의 무게가 늘어날수록 용수철의 길이도 일정하게 늘어난다.

ANSWER

01. ② 02. ①

03 다음 그림의 널빤지가 수평이 되기 위해서는 똑같은 무게의 나무토막을 어느 위치에 놓아야 하는가?

03
물체의 무게가 같은 경우, 각각의 물체를 받침점으로부터 같은 거리에 놓으면 수평을 이룬다.

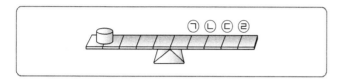

① ㉠

② ㉡

③ ㉢

④ ㉣

04 다음 중 속력이 가장 빠른 것은?

① 10초 동안 30m를 이동한 장난감 트럭

② 15초 동안 30m를 이동한 장난감 트럭

③ 20초 동안 30m를 이동한 장난감 트럭

④ 30초 동안 30m를 이동한 장난감 트럭

04
일정한 거리를 이동한 물체는 걸린 시간이 짧을수록 속력이 빠르다.

[05~06] 다음은 자전거, 버스, 기차의 빠르기를 그래프로 나타낸 것이다. 물음에 답하시오.

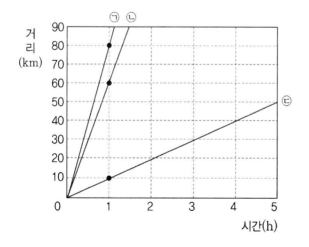

ANSWER
03. ④ **04.** ①

05 ㉠, ㉡, ㉢에 해당하는 것으로 바르게 나열한 것은?

	㉠	㉡	㉢
①	기차	버스	자전거
②	버스	자전거	기차
③	기차	자전거	버스
④	자전거	기차	버스

05
기차, 버스, 자전거 순으로 빠르기 때문에, 1시간에 80km의 거리를 이동한 ㉠은 기차, 1시간에 60km의 거리를 이동한 ㉡은 버스, 1시간에 10km의 거리를 이동한 ㉢은 자전거이다.

06 ㉠의 속력은 얼마인가?

① 30km/h ② 50km/h

③ 80km/h ④ 90km/h

06
$$\frac{80km}{1h} = 80km/h$$

07 다음과 같은 전구에 불이 켜지게 하는 방법으로 옳은 것은?

① 전구의 꼭지쇠에 연결된 전선을 전구의 꼭지에 연결한다.

② 전구의 꼭지에 연결된 전선을 전구의 꼭지쇠에 연결한다.

③ 전지의 (+)극에 연결된 전선 모두를 전지의 (−)극에 연결한다.

④ 전지의 (+)극에 연결된 전선 하나를 전지의 (−)극에 연결한다.

07
전구에 불이 켜지려면 전지의 (+)극이 전구의 꼭지(꼭지쇠)에, 전지의 (−)극이 전구의 꼭지쇠(꼭지)에 연결되어야 한다.

A N S W E R

05. ① **06.** ③ **07.** ④

08 다음 설명에 해당하는 것은?

> • 전류가 흐를 때만 자석의 성질을 띤다.
> • 자석의 극을 마음대로 바꿀 수 있다.

① 유리판　　　　② 전자석
③ 막대자석　　　④ 필라멘트

09 다음 중 전자석 주위에 있는 나침반 바늘의 움직임이 가장 큰 것은?

① 에나멜선을 10번 감았을 때
② 에나멜선을 20번 감았을 때
③ 에나멜선을 50번 감았을 때
④ 에나멜선을 100번 감았을 때

10 회로 검사기에 물체를 연결하고 스위치를 눌렀을 때, 전구에 불이 켜지지 <u>않는</u> 것은?

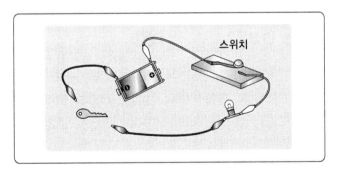

① 못　　　　② 빨대
③ 클립　　　④ 나사

11 그림과 같이 금속 막대에 촛농으로 작은 나무 막대를 붙이고 알코올램프로 가열했을 때, 촛농이 가장 늦게 녹는 것은?

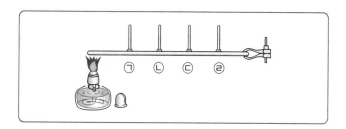

① ㉠   ② ㉡

③ ㉢   ④ ㉣

11

열은 온도가 높은 곳에서 낮은 곳으로 전달되므로 ㉣에 있는 촛농이 가장 늦게 녹는다.

12 다음 중 열이 잘 전달되어야 편리한 것은?

① 나무젓가락   ② 오븐용 장갑

③ 냄비의 바닥   ④ 주전자 손잡이

12

냄비의 바닥은 열이 잘 전달되어야 음식을 조리할 수 있기 때문에 열이 잘 전달되는 금속으로 만들고, 손잡이는 열이 잘 전달되지 않는 플라스틱으로 만든다.

13 북을 북채로 세게 쳤을 때 나타나는 현상은?

① 북이 크게 떨린다.

② 소리가 나지 않는다.

③ 북에는 변화가 없다.

④ 북에서 작은 소리가 난다.

13

북을 북채로 세게 칠 때, 북이 크게 떨리며 큰 소리가 난다.

ANSWER

11. ④ 12. ③ 13. ①

14 그림과 같이 방의 가운데에 난방 기구를 틀 때, 공기의 움직임을 나타낸 것으로 옳은 것은?

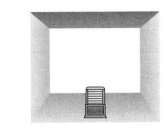

①    ②

③    ④

15 스크린에 비친 그림자로 가장 적절한 것은?

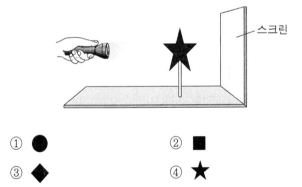

① ●   ② ■

③ ◆   ④ ★

16 물체가 보이기 위해 필요한 조건이 <u>아닌</u> 것은?

① 빛이 있어야 한다.

② 물체가 있어야 한다.

③ 빛이 물체에서 굴절되어야 한다.

④ 물체에서 반사된 빛이 우리 눈에 들어와야 한다.

16

③ 빛이 물체에서 반사되어야 한다.

17 다음 중 렌즈의 성질이 <u>다른</u> 것은?

① 돋보기 ② 물방울

③ 유리구슬 ④ 유리컵의 바닥

17

①·②·③은 볼록 렌즈의 성질을, ④는 오목 렌즈의 성질을 갖는다.

Chapter

02

물질

02 물질

학습 point⁺

물질에서는 혼합물의 분리, 용해와 용액, 산과 염기 단원에서 꾸준히 출제되고 있습니다. 혼합물 분리의 원리, 물이 얼 때의 부피 변화, 용해의 빠르기에 영향을 주는 요인, 산과 염기의 중화 반응, 산소와 이산화 탄소의 성질, 연소의 조건은 자주 출제되는 주제이므로 반드시 익혀 두어야 합니다.

01 물질의 성질

(1) 물체와 물질

① 물체 : 모양이 있고 공간을 차지하고 있는 것

② 물질 : 물체를 만드는 재료

(2) 물질의 성질과 쓰임

물질	성질	쓰임
금속	• 딱딱하고 무겁다. • 광택이 있다. • 다른 물질보다 단단하다.	못, 망치, 열쇠 등
플라스틱	• 딱딱하고 부드럽다. • 금속보다 가볍고, 광택이 있다. • 다양한 모양의 물체를 만들 수 있다.	자, 볼펜, 장난감 등
유리	• 투명하다. • 다른 물체와 부딪치면 잘 깨진다.	컵, 거울, 어항 등
나무	• 금속보다 가볍다. • 고유한 향과 무늬가 있다.	의자, 책상, 연필 등
고무	• 쉽게 구부러지며 유연하다. • 잡아당기면 늘어났다가 놓으면 다시 돌아온다. • 잘 미끄러지지 않는다.	풍선, 고무줄, 고무장갑 등

물질	성질	쓰임
섬유	• 손으로 만졌을 때 부드럽다. • 접을 수 있으며 질기다. • 물에 잘 젖는다.	옷, 모자, 커튼 등
가죽	• 질기다. • 잘 찢어지지 않는다.	신발, 축구공, 야구 장갑 등
종이	• 접을 수 있다. • 물에 잘 젖는다. • 잘 찢어진다.	책, 달력, 상자 등

(3) 물질에 따른 물체의 기능

① 여러 가지 물질로 만든 컵

물질	컵의 종류	기능
금속	금속 컵	잘 깨지지 않고, 튼튼하다.
플라스틱	플라스틱 컵	가볍고 단단하며, 모양과 색깔이 다양하다.
유리	유리컵	투명하여 무엇이 담겼는지 쉽게 알 수 있다.
흙	도자기 컵	음식을 오랫동안 따뜻하게 보관할 수 있다.
종이	종이컵	싸고 가벼우며, 손쉽게 사용할 수 있다.

② 여러 가지 물질로 만든 장갑

물질	장갑의 종류	기능
비닐	비닐장갑	투명하고, 물이 들어오지 않는다.
면	면장갑	부드럽고, 따뜻하다.
고무	고무장갑	질기고 미끄러지지 않으며, 물이 들어오지 않는다.
가죽	가죽장갑	질기고 부드러우며, 추위를 막아 준다.

01 다음과 같은 성질이 있는 물질은?

> • 금속보다 가벼우며 광택이 있다.
> • 다양한 모양의 물체를 만들 수 있다.

① 유리　　　　　② 고무

③ 종이　　　　　④ 플라스틱

02 축구공을 만드는 데 쓰이는 물질로 적절한 것은?

① 금속
② 섬유
③ 나무
④ 가죽

03 설거지를 할 때 필요한 장갑으로 알맞은 것은?

① 면장갑　　　　② 비닐장갑

③ 고무장갑　　　④ 가죽장갑

02 혼합물의 분리

(1) 혼합물의 의미

① 혼합물 : 두 가지 이상의 물질이 서로 섞여 있는 것

② 혼합물에 들어 있는 물질의 성질 : 혼합물에 섞여 있는 물질의 성질은 섞이기 전과 같다.

③ 혼합물 분리의 좋은 점 : 혼합물을 분리하여 원하는 물질을 얻을 수 있고, 분리한 물질을 필요한 곳에 이용할 수 있다.

(2) 혼합물의 분리 중요+

① 콩, 팥, 좁쌀의 혼합물 분리하기

ㄱ 알갱이의 크기가 다른 혼합물을 분리할 때 체를 이용하면 쉽게 분리할 수 있다.

ㄴ 알갱이의 크기 : 콩 > 팥 > 좁쌀

ㄷ 체의 조건 : 눈의 크기가 콩보다 작고 팥보다 큰 체 한 개와, 눈의 크기가 팥보다 작고 좁쌀보다 큰 체 한 개를 준비한다.

ㄹ 분리 과정 : 눈의 크기가 작은 체를 사용하고, 눈의 크기가 큰 체를 사용한다.

ㅁ 분리 결과 : 좁쌀이 가장 먼저 분리되고, 팥, 콩의 순서대로 분리된다.

② 거름 장치로 흙탕물 분리하기

ㄱ 실험 방법(거름 장치 꾸미기)

ⓐ 거름종이를 깔때기에 끼운다. 거름종이를 깔때기에 끼울 때에는 거름종이에 물을 조금 묻혀 거름종이가 깔때기에 잘 달라붙게 한다.

바로 확인 ▶▶

다음 중 콩, 팥, 좁쌀이 섞여 있는 혼합물에서 좁쌀을 분리할 때 사용할 도구로 가장 적절한 것은?

❶ 체   ② 자석
③ 유리 막대   ④ 증발 접시

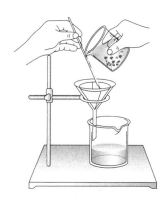

ⓑ 깔때기 끝의 긴 부분을 비커의 옆면에 붙인다.

ⓒ 흙탕물이 유리 막대를 따라 흐르도록 천천히 붓는다.

㉡ 실험 결과 : 걸러져 나온 물은 맑으며, 거름종이 위에는 흙이 남게 된다.

③ 증발 장치로 소금물 분리하기

㉠ 실험 방법(증발 장치 꾸미기)

소금물

ⓐ 물이 담긴 비커에 소금을 조금씩 넣고 녹여 소금물을 만든다.

ⓑ 소금물을 증발 접시에 $\frac{1}{3}$ 정도 담는다.

ⓒ 삼발이 위에 그물망을 놓고, 그 위에 증발 접시를 올려놓는다.

ⓓ 알코올램프를 삼발이 밑에 놓고, 불을 붙여 가열한다.

ⓔ 가열되고 있는 증발 접시 속 소금물의 변화를 관찰한다.

㉡ 실험 결과

ⓐ 물은 증발하고, 증발 접시 안에 흰색 물질이 남는다.

ⓑ 증발 접시 안에 생긴 물질은 소금으로 맛이 짜며, 계속 가열하면 '탁탁' 소리를 내며 튄다.

> **바로로 확인 ▶▶**
>
> 소금물에서 소금을 분리하는 방법으로 알맞은 것은?
> ① 식초를 섞는다.
> ② 거름종이로 걸러낸다.
> ③ 스포이트를 사용한다.
> ❹ 가열하여 물을 증발시킨다.

④ 물과 식용유의 혼합물 분리하기

㉠ 물과 식용유가 섞인 시험관을 가만히 놓아두면 위쪽은 식용유, 아래쪽은 물로 2개의 층을 이룬다.

㉡ 시험관을 기울여서 위층의 식용유를 따라 낸다.

→ 식용유와 함께 물이 따라 나올 수 있어서 깨끗하게 분리해 낼 수 없음

㉢ 스포이트를 사용하여 시험관 위층의 식용유를 빨아들인다.

→ 따라 내는 방법보다 깨끗하게 분리할 수 있음

용어설명▶ 스포이트 : 액체를 빨아올려 다른 곳에 옮겨 넣을 때 쓰는 고무 꼭지가 달린 유리관

01 그림과 같이 체를 이용하여 콩과 좁쌀의 혼합물을 분리할 수 있는 원리는?

콩

좁쌀

① 콩이 좁쌀보다 가볍다.

② 콩이 좁쌀보다 알갱이가 크다.

③ 콩이 좁쌀보다 물에 잘 녹는다.

④ 콩이 좁쌀보다 자석에 잘 붙는다.

01
콩이 좁쌀보다 알갱이가 크기 때문에 체를 이용하여 분리할 경우, 좁쌀은 체 밖으로 떨어지고 체에는 콩만 남는다.

02 소금물을 분리하는 데 이용되는 성질은?

① 소금은 물보다 무겁다.

② 소금은 물에 잘 녹는다.

③ 물은 가열하면 증발한다.

④ 소금의 알갱이 모양은 일정하다.

02
물은 가열하면 증발하는 성질이 있기 때문에 소금물을 가열하면 물은 증발하고, 증발 접시 안에 소금만 남는다.

03 소금과 모래의 혼합물을 분리하는 데 이용되는 성질은?

① 소금과 모래의 색깔이 다르다.

② 소금은 물에 녹고, 모래는 물에 녹지 않는다.

③ 소금의 알갱이 크기는 모래의 알갱이 크기보다 작다.

④ 소금의 알갱이 모양은 일정하고, 모래의 알갱이 모양은 일정하지 않다.

03
소금과 모래의 혼합물을 분리할 때에는 소금은 물에 녹고, 모래는 물에 녹지 않는 성질을 이용한다.

ANSWER

01. ② 02. ③ 03. ②

04 물과 식용유의 혼합물을 분리하는 방법으로 가장 적절한 것은?

① 알코올램프로 가열한다.

② 거름 장치로 걸러 낸다.

③ 스포이트로 식용유만 빨아들인다.

④ 시험관을 기울여서 물만 따라 낸다.

05 그림은 크기가 같은 플라스틱 구슬과 철 구슬의 혼합물을 나타낸 것이다. 다음 중 혼합물을 분리할 때 사용할 도구로 가장 적절한 것은?

철 구슬 ──── 플라스틱 구슬

① 자석　　　　② 깔때기

③ 거름종이　　④ 증발 접시

03 물의 상태 변화

1 물의 세 가지 상태

구분	특징	예
고체	일정한 모양과 부피를 가지고 있음	얼음, 눈
액체	일정한 모양이 없어서 담는 그릇에 따라 모양이 달라지지만, 부피는 변하지 않음	물, 김
기체	일정한 모양과 부피가 없어서 담는 그릇에 따라 모양과 부피가 달라짐	수증기

용어설명 김과 수증기

　　　김(액체 상태의 물) : 수증기가 식어서 생긴 작은 물방울

　　　수증기(기체 상태의 물) : 색깔과 냄새가 없어 눈으로 볼 수 없음

2 물과 얼음

(1) 물과 얼음의 비교

구분	물	얼음
모양	일정한 모양이 없음	일정한 모양이 있음
색깔	투명하고 색깔이 없음	불투명하고 흰색인 부분이 있음
단단하기	단단하지 않음	단단함

(2) 손바닥 위에 얼음 놓고 관찰하기

① 얼음 주위에 물이 생기고, 얼음의 크기가 작아진다. → 얼음이 체온 때문에 녹은 것

② 온도가 높아지면 고체인 얼음이 액체인 물이 되고, 온도가 낮아지면 액체인 물이 고체인 얼음이 된다.

> **바로바로 확인** ▶▶
>
> **손에 얼음을 놓았을 때 일어나는 변화는?**
> ① 얼음이 점점 커진다.
> ② 얼음이 더 단단해진다.
> ❸ 얼음이 서서히 녹는다.
> ④ 얼음이 녹았다 다시 언다.

'언다'와 '녹는다'

1. **언다** : 액체 상태인 물의 온도를 낮추면 고체 상태인 얼음이 되는데, 이러한 변화를 '언다'라고 한다.
2. **녹는다** : 고체 상태인 얼음의 온도를 높이면 액체 상태인 물이 되는데, 이러한 변화를 '녹는다'라고 한다.

(3) 물이 얼 때의 무게와 부피 변화 중요⁺

① 물은 서서히 가장자리부터 얼기 시작한다.

② 물이 얼기 전과 얼고 난 후의 무게는 변화가 없다.

③ 물이 얼기 전의 물의 높이보다 얼고 난 후의 높이가 높아진다.

→ 물이 얼면 무게는 변하지 않지만, 부피는 커짐

(4) 우리 주변에서 물이 얼 때 나타나는 현상

① 추운 겨울날 수도관이 터진다.

② 추운 겨울날 물을 가득 담아 둔 장독이 깨진다.

③ 물이 가득 든 유리병을 냉동실에 오랫동안 두면 유리병이 깨진다.

④ 추운 겨울날 바위틈에 스며든 물이 얼어 바위틈이 벌어져 낙석이 발생한다.

> **바로바로 확인 ▶▶**
>
> 물이 얼면서 부피가 변화되어 나타나는 현상이 아닌 것은?
> ① 물을 담아 얼린 페트병이 부풀었다.
> ② 겨울철에 물이 얼어 수도관이 터졌다.
> ❸ 얼음물이 든 컵 표면에 물방울이 맺혔다.
> ④ 겨울철에 담아 둔 물이 얼어 장독이 깨졌다.

(5) 얼음이 녹을 때의 무게와 부피 변화

① 얼음은 가장자리부터 녹으면서 크기가 점점 작아진다.

② 얼음이 녹기 전과 녹은 후의 무게는 변화가 없다.

③ 얼음이 녹기 전의 물의 높이보다 녹은 후의 높이가 낮아진다.

→ 얼음이 녹으면 무게는 변하지 않지만, 부피는 줄어듦

3 물과 수증기

(1) 물이 증발할 때의 변화

① 물이 증발할 때의 변화 관찰하기

　㉠ 실험 방법

　　ⓐ 크기가 같은 두 비커에 같은 양의 물을 넣고 높이를 표시한 후, 비커 1개는 투명한 비닐로 씌운다.

　　ⓑ 두 비커를 햇빛이 잘 비치는 곳에 두고, 하루 정도 시간이 흐른 뒤 비커의 변화를 본다.

　㉡ 실험 결과

구분	덮개가 있는 비커	덮개가 없는 비커
관찰 결과		
물의 양	큰 변화가 없음	물의 양이 줄어들었음 → 물이 증발했기 때문에
비커 안의 모습	비커의 안쪽 벽과 덮개 안쪽에 물방울이 맺혀 있음	비커의 안쪽 벽에 물방울이 맺혀 있지 않음

② 물의 표면에서 액체인 물이 기체인 수증기로 변하여 우리 눈에 보이지 않게 되는 것을 '증발'이라고 하며, 증발은 물이 사라지는 것이 아니라 공기 중으로 날아가는 것이다.

③ 생활 속에서 볼 수 있는 증발의 예

　㉠ 젖은 빨래가 마른다.

　㉡ 물웅덩이의 물이 줄어든다.

　㉢ 어항의 물이 시간이 지나면 줄어든다.

(2) 물이 끓을 때의 변화

① 비커의 물이 끓을 때의 변화 관찰하기

물이 끓기 시작할 때	작은 기포가 비커의 옆면이나 바닥에 생기고, 김이 나기 시작함
물이 끓고 있는 동안	김이 많이 나고, 기포가 올라와 터지며, 부글부글 끓는 소리가 남
물이 끓은 후	물의 높이가 낮아짐 → 액체인 물이 기체인 수증기로 변하여 공기 중으로 날아갔기 때문에

② 물의 표면과 내부에서 모두 기포가 발생하면서, 액체인 물이 기체인 수증기로 변하는 현상을 '끓음'이라고 한다.

③ 생활 속에서 볼 수 있는 끓음의 예 : 차를 끓일 때, 빨래를 삶을 때, 음식을 만들 때

(3) 수증기가 응결할 때의 변화

① 찬물이 든 유리컵 주변의 변화 관찰하기 : 처음에는 유리컵 표면에 아무것도 없었는데 시간이 지나면서 컵 바깥쪽에 작은 물방울이 맺히고, 물방울의 크기가 점점 커지면서 아래로 흘러내리기도 한다.
→ 공기 중의 수증기가 차가운 컵에 닿아 물방울이 된 것

② 기체인 수증기가 액체인 물이 되는 현상을 '응결'이라고 한다.

③ 생활 속에서 볼 수 있는 응결의 예

㉠ 유리창에 입김을 불면 뿌옇게 김이 서린다.

㉡ 욕실의 천장이나 벽에 물방울이 맺힌다.

㉢ 공기 중으로 증발했던 물이 이슬이 되어 맺힌다.

01 온도 변화에 따라 변하는 물의 상태가 <u>아닌</u> 것은?

① 고체   ② 액체

③ 기체   ④ 도체

01
물의 세 가지 상태 : 고체, 액체, 기체

02 얼음이 녹을 때의 변화에 대한 설명으로 옳지 <u>않은</u> 것은?

① 얼음은 가장자리부터 녹는다.

② 얼음은 녹으면서 크기가 점점 작아진다.

③ 얼음이 녹았을 때 물의 높이가 높아진다.

④ 얼음이 녹기 전과 녹은 후의 무게는 변화가 없다.

02
③ 얼음이 녹으면 부피가 줄어들어 물의 높이가 낮아진다.

03 다음 중 ㉠에 들어갈 말로 적절한 것은?

> 물이 가득 든 유리병을 냉동실에 오래 두었더니 병이 깨졌다. 이것은 물이 얼 때   ㉠   (이)가 변했기 때문이다.

① 무게   ② 부피

③ 색깔   ④ 질량

03
물이 얼면 무게는 변하지 않지만, 부피는 커진다.

ANSWER
01. ④   02. ③   03. ②

04 다음 그림에 대한 설명으로 옳지 <u>않은</u> 것은?

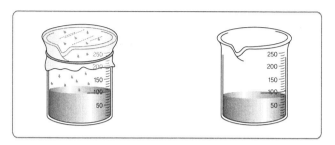

① 덮개가 없는 비커의 물의 양이 줄어든다.

② 덮개가 있는 비커의 물의 양은 큰 변화가 없다.

③ 덮개가 없는 비커의 안쪽 벽에 물방울이 맺힌다.

④ 덮개가 있는 비커의 안쪽 벽과 덮개 안쪽에 물방울이 맺힌다.

05 우리 주변에서 볼 수 있는 증발의 예가 <u>아닌</u> 것은?

① 젖은 빨래가 마른다.

② 물웅덩이의 물이 줄어든다.

③ 어항의 물이 시간이 지나면 줄어든다.

④ 냉동실에 얼어 두었던 물이 얼음이 되었다.

06 다음 현상과 관계있는 것은?

• 거미줄에 물방울이 맺힌다.
• 유리창에 입김을 불면 김이 서린다.

① 응결   ② 가열

③ 증발   ④ 액화

04
물의 표면에서 액체인 물이 기체인 수증기로 변하여 공기 중으로 날아가기 때문에, 덮개가 없는 비커의 물은 증발하여 양이 줄어들고, 비커의 안쪽 벽에 물방울이 맺히지 않는다.

05
①·②·③은 액체인 물이 기체인 수증기로 변하는 증발에 해당하며, ④는 액체 상태인 물이 고체 상태인 얼음이 되는 변화에 해당한다.

06
응결 : 기체의 수증기가 차가운 물체의 표면에서 온도가 내려가 액체인 물이 되는 현상

ANSWER
04. ③ **05.** ④ **06.** ①

04 용해와 용액

(1) 용해와 용액

① 물과 아세톤에 녹는 물질과 녹지 않는 물질

구분	설탕	시트르산	탄산칼슘	나프탈렌
물	녹음	녹음	녹지 않음	녹지 않음
아세톤	녹지 않음	녹음	녹지 않음	녹음

→ 각 액체마다 녹는 물질이 서로 다름

② 용질, 용매, 용해, 용액

ㄱ 용질 : 녹는 물질

ㄴ 용매 : 녹이는 물질

ㄷ 용해 : 물질이 골고루 섞이는 현상

ㄹ 용액 : 물질이 골고루 섞여 있는 것

설탕 (용질) + 물 (용매) → 용해 → 설탕물 (용액)

③ 일상생활에서 용해 현상을 이용하는 예

ㄱ 음식의 간을 맞추기 위해 소금을 넣는다.

ㄴ 설탕을 넣어 음식의 단맛을 낸다.

ㄷ 주스 가루를 물에 녹여 주스를 만들어 마신다.

ㄹ 라면을 끓일 때 분말수프를 넣는다.

(2) 용액의 진하기를 비교할 수 있는 방법

① 흑설탕 용액 같은 경우 용액의 색이 진할수록 진한 용액이다.

② 백설탕 용액과 같은 색으로 진하기를 구분할 수 없는 경우 작은 물체를 띄워서 뜨고 가라앉는 정도로 용액의 진하기를 비교할 수 있다.

→ 물체가 위로 떠오를수록 진한 용액임

③ 설탕물의 경우 진할수록 단맛이 강하고, 소금물의 경우 진할수록 짠맛이 강하다.

용액의 진하기가 다르다는 사실을 알 수 있는 다양한 방법

1. 용액을 흔들어 본다. → 진한 용액일수록 덜 흔들린다.
2. 층이 쌓이는지 용액을 시험관에 조금씩 넣어 본다. → 진한 용액일수록 밑으로 층이 생긴다.
3. 용액을 가열하여 생긴 가루 물질의 양을 비교해 본다. → 가열하여 생긴 가루 물질의 양이 많을수록 진한 용액이다.

(3) 용액 속의 용질의 존재

① 설탕이 물에 용해되기 전, 설탕이 조금 용해된 후, 설탕이 모두 용해된 후의 무게는 변하지 않는다.

→ 설탕이 물에 용해되면 알갱이의 크기가 작아져서 물 전체에 골고루 퍼지기 때문에

> **바르로 확인 ▶▶**
>
> 100g의 물에 20g의 설탕을 녹여 설탕물을 만들었다. 이 설탕물의 무게는?
>
> ① 20g　　　② 80g
> ❸ 120g　　④ 200g

② 설탕을 물에 녹였을 때 설탕물의 무게는 물의 무게에 녹인 설탕의 무게를 더한 값과 같다.

→ 물의 무게 + 설탕의 무게 = 설탕물의 무게

③ 용질이 용매에 용해되어도 없어지거나 양이 변하지 않고, 용액 속에 골고루 섞여 있다.

(4) 용질이 용매에 녹는 빠르기에 영향을 주는 요인 중요⁺

① 저어 주는 빠르기 : 용액을 빠르게 저을수록 빨리 녹는다.

② 알갱이의 크기 : 용질의 알갱이의 크기가 작을수록 빨리 녹는다.

③ 용매의 온도 : 용매의 온도가 높을수록 빨리 녹는다.

(5) 용매의 양에 따른 용질의 녹는 양 중요⁺

① 용매의 양을 변화시키면 용해되는 용질의 양이 달라진다.

  ㉠ 용매의 양이 많을수록 녹을 수 있는 용질의 양이 많아진다.

  ㉡ 용매의 양이 적을수록 녹을 수 있는 용질의 양이 적어진다.

② 용질이 용매에 녹지 않고 남아 있을 경우, 용매를 더 넣으면 모두 녹일 수 있다.

(6) 용매의 온도에 따른 용질의 녹는 양

① 용매의 온도를 변화시키면 용해되는 용질의 양이 달라진다.

  ㉠ 용매의 온도가 높을수록 녹을 수 있는 용질의 양이 많아진다.

  ㉡ 용매의 온도가 낮을수록 녹을 수 있는 용질의 양이 적어진다.

바로로 **확인** ▶▶

260mL의 물에 백반을 녹여 백반 용액을 만들려고 한다. 다음 중 백반을 가장 많이 녹일 수 있는 물의 온도는?

① 20℃   ② 40℃

③ 60℃   ❹ 90℃

② 같은 양의 물이라도 온도를 조절하면 더 많은 용질을 녹일 수 있어 더 진한 용액을 만들 수 있다.

실력 다지기
실전 예상 문제

01 ㉠에 들어갈 말로 알맞은 것은?
기출

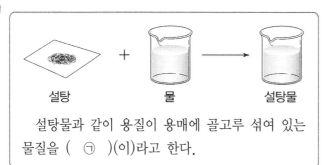

설탕 + 물 → 설탕물

설탕물과 같이 용질이 용매에 골고루 섞여 있는 물질을 (㉠)(이)라고 한다.

① 대류   ② 용액
③ 응결   ④ 증발

02 물 300mL가 담긴 그릇 4개에 각각 서로 다른 양의 설탕을 녹였다. 다음 중 가장 진한 설탕물이 되는 설탕의 양은?

① 설탕 20g   ② 설탕 30g
③ 설탕 35g   ④ 설탕 40g

03 다음은 진하기가 다른 설탕물에 동일한 방울토마토를 넣은 것이다. 가장 진한 설탕물은? (단, 비커의 크기는 기출 모두 동일하다.)

①   ②

③   ④

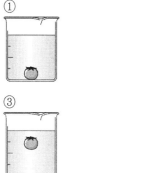

01
① 대류 : 액체를 이루고 있는 물질이 직접 이동하여 열이 전달되는 방법
③ 응결 : 기체인 수증기가 액체인 물방울로 맺히는 현상
④ 증발 : 물의 표면에서 액체인 물이 기체인 수증기로 변하여 우리 눈에 보이지 않게 되는 것

02
물의 양이 동일한 경우에 설탕의 양이 많을수록 설탕물의 농도는 진해진다.

03
용액의 진하기를 비교할 때, 백설탕 용액과 같이 색으로 진하기를 구분할 수 없는 경우 작은 물체를 띄워서 뜨고 가라앉는 정도로 용액의 진하기를 비교할 수 있다. 물체가 위로 떠오를수록 진한 용액이다.

ANSWER
01. ② 02. ④ 03. ④

04 그림은 소금을 물에 녹이는 실험을 나타낸 것이다. 다음 중 ㉠에 해당하는 것은?

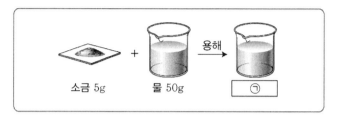

① 소금물 35g

② 소금물 45g

③ 소금물 55g

④ 소금물 65g

05 다음 중 용질이 용매에 녹는 빠르기에 영향을 주는 요인이 아닌 것은?

① 용질의 색깔

② 용매의 온도

③ 알갱이의 크기

④ 저어 주는 빠르기

06 다음 중 소금을 물에 녹일 때 더 이상 녹지 않고 남아 있는 소금을 녹이는 방법으로 가장 적절한 것은?

① 그대로 둔다.

② 소금물을 얼린다.

③ 소금을 더 넣는다.

④ 물을 더 넣고 젓는다.

07 다음 중 가장 많은 양의 소금을 녹일 수 있는 것은?
(단, 물의 온도와 컵의 크기는 같다.)

①

②

③

④

07

용매(녹이는 물질)의 양이 많을수록 용질(녹는 물질)의 양이 많아진다.

08 180mL의 물에 백반을 녹여 백반 용액을 만들 때, 다음 중 가장 많이 녹일 수 있는 물의 온도는?

① 30℃   ② 50℃

③ 80℃   ④ 90℃

08

용매의 온도가 높을수록 녹일 수 있는 용질의 양이 많아진다.

05 산과 염기

(1) 용액의 분류

① 냄새, 색깔 등에 의해 분류한다.

② 냄새의 경우는 손으로 끌어당기듯이 하여 맡고, 색깔은 흰 종이를 대고 관찰한다.

(2) 지시약을 이용한 용액의 분류 중요⁺

① 용액을 단순히 시각이나 후각 등의 관찰을 통해 분류할 수 없을 때, 페놀프탈레인 용액, 리트머스 종이와 같은 지시약을 사용한다.

용어 설명 페놀프탈레인 용액 : 페놀프탈레인을 에탄올에 녹여서 만든 용액으로, 염기성 용액과 염기성이 아닌 용액을 구분할 수 있음

리트머스 종이 : 색깔 변화를 통해 산성과 염기성을 판단할 수 있도록 하는 종이

② 지시약을 이용한 용액의 성질에 따른 분류

㉠ 산성 용액 : 푸른색 리트머스 종이를 붉게 변화시키지만, 페놀프탈레인 용액을 넣으면 색깔이 변하지 않는다.

예 식초, 묽은 염산, 사이다 등

> **바로 확인**
>
> 붉은색 리트머스 종이에 떨어뜨리면 푸른색으로 변하는 것은?
>
> ① 식초 ❷ 석회수
> ③ 레몬즙 ④ 묽은 염산

㉡ 염기성 용액 : 붉은색 리트머스 종이를 푸르게 변화시키지만, 페놀프탈레인 용액을 넣으면 색깔이 붉게 변한다.

예 묽은 수산화 나트륨 용액, 유리 세정제, 비눗물, 석회수 등

(3) 만든 지시약을 이용한 용액의 분류

① 자주색 양배추 지시약을 이용한 용액의 분류

㉠ 자주색 양배추 지시약의 색깔 변화

산성 용액	붉은색 계열의 색으로 변함
염기성 용액	노란색(연두색) 계열의 색으로 변함

㉡ 자주색 양배추 지시약을 넣었을 때, 용액의 색깔이 다르게 나타나는 이유는 용액이 지닌 산의 성질이 다르기 때문이다.

② 산도 : 용액이 가지고 있는 산의 세기로, 산의 성질에 따라 산도(pH)가 달라지며, 용액은 산도에 따라 산성과 염기성으로 분류할 수 있다.

(4) 산성 용액과 염기성 용액의 성질

① 산성 용액은 달걀 껍데기나 대리석처럼 탄산칼슘이 들어 있는 물질을 기포를 발생시키며 녹이는 성질이 있다.

② 염기성 용액은 손으로 만지면 미끌미끌하며, 두부나 삶은 달걀흰자와 같은 단백질, 지방 등을 녹이는 성질이 있다.

(5) 산과 염기를 섞을 때 용액의 성질 변화

① 산성 용액과 염기성 용액을 섞을 때 용액의 성질 변화 알아보기

㉠ 실험 방법

ⓐ 스포이트를 이용하여 묽은 염산을 삼각 플라스크에 $\frac{1}{10}$ 정도 넣는다.

ⓑ 묽은 염산이 담긴 삼각 플라스크에 페놀프탈레인 용액을 2~3방울 떨어뜨린 다음, 잘 흔들어 준다.

ⓒ 위의 용액에 묽은 수산화 나트륨 용액을 한 방울씩 넣으면서 용액의 색깔 변화를 관찰한다.

ⓓ 반대로 묽은 수산화 나트륨 용액에 페놀프탈레인 용액을 넣고 잘 흔든 다음, 묽은 염산을 넣으면서 색깔 변화를 관찰한다.

㉡ 실험 결과

ⓐ 묽은 염산이 담긴 삼각 플라스크에 페놀프탈레인 용액을 2~3방울 떨어뜨리면 아무런 변화가 없으며, 여기에 묽은 수산화 나트륨 용액을 넣으면 분홍색을 나타내고, 계속해서 묽은 수산화 나트륨 용액을 넣으면 점점 붉은색을 나타낸다.

ⓑ 묽은 수산화 나트륨 용액에 페놀프탈레인 용액을 넣으면 붉은색으로 변하고, 여기에 묽은 염산을 넣으면 점점 붉은색이 없어진다.

→ 산성 용액에 염기성 용액을 계속 넣으면 산성이 점점 약해지고, 염기성 용액에 산성 용액을 계속 넣으면 염기성이 점점 약해짐

② 산성 용액과 염기성 용액을 섞으면 용액 안에 있는 산성을 띠는 물질과 염기성을 띠는 물질이 서로 짝을 맞추게 되는데, 산성을 띠는 물질이 짝을 맞추지 못한 채 남아 있으면 용액은 산성을 나타내게 되고, 반대로 염기성을 띠는 물질이 남아 있으면 염기성을 나타내게 된다.

③ 산과 염기의 이용
  ㉠ 생선에서 나는 비린내는 염기성을 띠는 물질인데, 이러한 비린내를 없애기 위해서 산성을 띠는 레몬즙을 뿌린다.
  ㉡ 변기에 묻어 있는 때는 염기성을 띠므로 산성인 변기용 세제를 이용하면 깨끗이 씻어 낼 수 있다.

바로로 확인 ▶▶

(가)에 들어갈 말로 옳은 것은?

생선 비린내가 나는 도마를 식초로 닦아 내면 (가)

① 타는 냄새가 난다.
❷ 비린내가 약해진다.
③ 비린내가 강해진다.
④ 검은 연기가 발생한다.

01 다음 중 푸른색 리트머스 종이를 붉게 변화시키는 용액은?

① 식초　　　　　　② 비눗물

③ 유리 세정제　　　④ 묽은 수산화 나트륨 용액

02 다음 설명에 공통으로 해당하는 것은?

기출

> • 만지면 미끈미끈하다.
> • 페놀프탈레인 용액을 떨어뜨리면 붉게 변한다.

① 식초　　　　　　② 레몬즙

③ 묽은 염산　　　　④ 빨랫비누 물

03 다음 중 자주색 양배추 지시약을 넣었을 때, 자주색 양배추 지시약의 색깔이 연두색 계열로 변하는 것은?

① 식초　　　　　　② 사이다

③ 묽은 염산　　　　④ 유리 세정제

04 다음 중 ⑤에 해당하는 용액은?

기출

(⑤)에 달걀 껍데기를 넣었더니 기포가 발생하며 녹았다.

① 물　　　　　　② 우유
③ 식초　　　　　④ 식용유

05 다음 중 묽은 수산화 나트륨 용액이 담긴 비커에 넣었을 때, 아무런 변화가 없는 것끼리 짝지어진 것은?

① 두부, 대리석
② 두부, 달걀 껍데기
③ 대리석, 달걀 껍데기
④ 달걀 껍데기, 삶은 달걀흰자

06 산과 염기의 성질을 이용한 것이 <u>아닌</u> 것은?

① 논에 우렁이를 이용하여 농사를 짓는다.
② 산성화된 토양에 염기성 물질을 뿌려준다.
③ 산성 물질을 이용하여 변기의 때를 없앤다.
④ 산성인 레몬즙을 이용하여 비린내를 없앤다.

04
식초는 산성 용액으로, 달걀 껍데기나 대리석처럼 탄산칼슘이 들어 있는 물질을 기포를 발생시키며 녹이는 성질이 있다.

05
묽은 수산화 나트륨 용액은 염기성 용액으로, 두부나 삶은 달걀흰자와 같은 단백질, 지방 등을 녹이는 성질이 있다. 대리석이나 달걀 껍데기는 산성 용액과 반응한다.

06
산과 염기의 성질을 이용한 예
• 산성화된 토양에 석회를 뿌린다.
• 위산으로 속이 쓰릴 때 제산제를 먹는다.
• 산성 물질을 이용해 변기의 때를 없앤다.
• 레몬즙이나 식초를 이용해 생선의 비린내를 없앤다.

Ⓐ Ⓝ Ⓢ Ⓦ Ⓔ Ⓡ
04. ③　05. ③　06. ①

06 여러 가지 기체

1 공기의 무게와 기체의 부피 변화

(1) 공기가 무게를 가지는지 알아보기

① 실험 방법

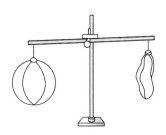

㉠ 비치볼에 같은 양의 공기를 불어넣는다.

㉡ 막대를 수평이 되게 스탠드에 매단다.

㉢ 비치볼을 막대의 양끝에 매달고, 수평을 맞춘다.

㉣ 비치볼 중 하나의 공기를 빼고, 수평을 확인한다.

㉤ 비치볼 중 하나에 공기를 넣은 후, 수평을 확인한다.

② 실험 결과

㉠ 한쪽 비치볼의 공기를 뺐을 때 : 공기가 빠진 쪽이 위로 올라간다.

㉡ 한쪽 비치볼에만 공기를 더 넣었을 때 : 공기를 더 넣은 쪽이 아래로 내려간다.

→ 공기도 무게가 있음을 알 수 있음

(2) 기체에 힘을 가했을 때 부피 변화

① 기체에 힘을 가했을 때 부피 변화 알아보기

㉠ 주사기의 입구를 손으로 막고, 피스톤에 힘을 가했을 때 주사기 안의 변화

주사기에 공기가 들어 있을 때	힘을 가하면 부피가 줄어듦
주사기에 물이 들어 있을 때	부피의 변화가 거의 없음

㉡ 물이 담긴 둥근 페트병의 마개를 막은 후 눕혀 힘을 가했을 때 페트병 안에 있는 공기 방울의 크기 변화

힘을 가하지 않았을 때	공기 방울의 크기는 변하지 않음
힘을 가했을 때	공기 방울의 크기가 줄어듦

② 물과 같은 액체는 힘을 가하여도 부피의 변화가 거의 없지만, 공기와 같은 기체는 가하는 힘의 크기에 따라 부피가 달라진다.

③ 기체에 가하는 힘이 클수록 기체의 부피는 줄어들고, 기체에 가한 힘을 없애면 기체의 부피는 본래대로 되돌아온다.

④ 기체에 힘을 가했을 때 부피 변화의 예 : 점핑볼 등의 기구에 앉아 힘을 가하면 부피가 줄었다가 본래대로 되돌아오면서 기구가 튀어 오른다.

(3) 온도에 따른 기체의 부피 변화

① 온도에 따른 기체의 부피 변화 알아보기

㉠ 따뜻한 물과 얼음물에서 삼각 플라스크에 씌운 풍선의 변화

따뜻한 물	얼음물
풍선이 부풀어 오름 → 기체의 부피가 늘어남	풍선이 쭈그러듦 → 기체의 부피가 줄어듦

㉡ 따뜻한 물과 얼음물에서 유리 주사기의 변화

따뜻한 물	피스톤이 밀려 나감 → 기체의 부피가 늘어남
얼음물	피스톤이 들어감 → 기체의 부피가 줄어듦

② 기체는 온도에 따라 부피가 변한다.

→ 온도가 올라가면 기체의 부피는 늘어나고, 온도가 내려가면 기체의 부피는 줄어듦

2 산소와 이산화 탄소의 성질

기체 발생 장치 꾸미기 순서

1. 깔때기에 고무관을 끼운다.
2. 깔때기를 링에 설치하고, 고무관을 핀치 집게로 집는다.
3. 가지 달린 삼각 플라스크를 유리관을 끼운 고무마개로 막는다.
4. 깔때기에 연결된 고무관을 가지 달린 삼각 플라스크의 유리관에 끼운다.
5. 가운데에 설치할 가지 달린 삼각 플라스크에 물을 $\frac{2}{3}$ 정도 넣고, 유리관을 끼운 고무마개로 막는다.
6. 4의 삼각 플라스크 옆면과 가운데 가지 달린 삼각 플라스크 유리관을 고무관으로 연결한다.
7. 가운데 가지 달린 삼각 플라스크 옆면에 긴 고무관을 끼운다.
8. 물을 가득 채운 집기병을 $\frac{2}{3}$ 정도 물이 들어 있는 수조에 거꾸로 세운 다음, 가운데 가지 달린 플라스크의 고무관을 집기병 속에 넣는다.

---

(1) 산소의 성질 중요⁺

① 산소 발생시키기

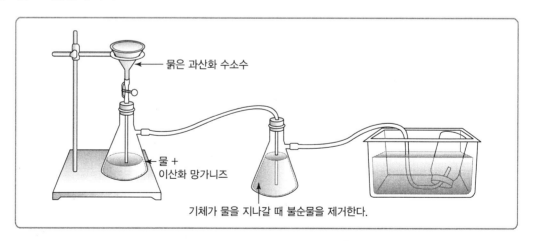

묽은 과산화 수소수

물 + 이산화 망가니즈

기체가 물을 지나갈 때 불순물을 제거한다.

㉠ 기체 발생 장치를 꾸며 본다.

㉡ 왼쪽의 삼각 플라스크에 물을 조금 넣은 다음, 이산화 망가니즈 한 숟가락을 넣는다.

ⓒ 깔때기에 묽은 과산화 수소수를 붓는다.

ⓐ 핀치 집게를 조절하며 묽은 과산화 수소수를 조금씩 흘려보낸다.

ⓔ 기체가 집기병에 가득 차면, 물속에서 유리판으로 집기병의 입구를 막은 다음, 유리판과 집기병을 같이 꺼낸다.

ⓗ 발생된 산소를 집기병에 모은다.

→ 이산화 망가니즈는 촉매로, 직접 반응하지 않고 반응이 잘 진행되도록 도와주는 역할을 함

② 산소의 성질

ⓐ 색과 냄새가 없다(무색무취).

ⓑ 물에 잘 녹지 않는다.

ⓒ 철, 구리, 알루미늄과 같은 금속에 녹이 슬게 한다.

ⓓ 스스로 타지 않지만, 다른 물질들이 타는 것을 도와준다.

ⓔ 전체 공기의 약 $\frac{1}{5}$을 차지하며, 모든 생명체에 없어서는 안 될 중요한 기체이다.

③ 우리 생활에서 산소가 이용되는 경우

ⓐ 로켓의 연료나 산소 용접을 할 때 이용된다.

ⓑ 환자들은 산소 호흡기를 이용한다.

(2) 이산화 탄소의 성질 중요⁺

① 이산화 탄소 발생시키기

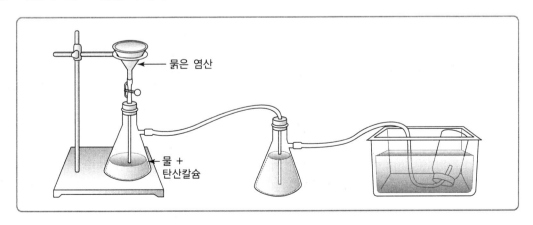

묽은 염산

물 + 탄산칼슘

　　ⓐ 기체 발생 장치를 꾸며 본다.

　　ⓑ 삼각 플라스크에 물을 약간 붓는다.

　　ⓒ 삼각 플라스크에 탄산칼슘 두세 숟가락을 넣는다.

　　ⓓ 비커에 담긴 묽은 염산을 깔때기에 부은 다음, 핀치 집게를 조절하여 조금씩 흘려보낸다.

　　ⓔ 집기병에 이산화 탄소가 가득 차면, 유리판으로 집기병을 막은 채로 꺼낸 다음, 다른 집기병에 이산화 탄소를 모은다.

탄산칼슘

　탄산칼슘이 주성분인 달걀 껍데기, 대리석, 조개껍데기, 분필 등에 묽은 염산과 같은 산성 용액을 떨어뜨리면 이산화 탄소가 발생한다.

② 이산화 탄소의 성질

　　ⓐ 색과 냄새가 없다(무색무취).

　　ⓑ 불을 타지 못하게 하고, 자신도 타지 않는다.

　　ⓒ 석회수를 뿌옇게 흐려지게 한다(이때의 흰색 침전은 탄산칼슘이다. 석회수 + 이산화 탄소 → 탄산칼슘 + 물).

　　ⓓ 사람의 날숨 때 배출된다.

　　ⓔ 공기보다 무겁다.

　　ⓕ 수산화 나트륨 수용액 같은 염기성 용액에 잘 녹는다.

③ 우리 생활에서 이산화 탄소가 이용되는 경우

　　ⓐ 불을 끄는 소화기에 이용된다.

　　ⓑ 식물의 광합성에 이용된다.

　　ⓒ 탄산음료 제조에 이용된다.

바로로 확인 ▶▶

다음 중 이산화 탄소에 대한 설명으로 옳은 것은?

① 파란색이다.

② 식초 냄새가 난다.

③ 다른 물질이 잘 타게 돕는다.

❹ 사람이 숨을 내쉴 때 나오는 기체 중 하나이다.

3 우리 생활에서 이용되고 있는 기체

(1) 우리 생활 속의 기체

① 우리 주변의 공기는 여러 가지 기체가 섞여 있는 혼합물이다.

② 공기의 대부분은 질소와 산소로 이루어져 있으며, 이외에도 아르곤, 수소, 네온, 헬륨, 이산화 탄소 등의 기체가 섞여 있다.

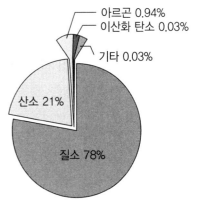

아르곤 0.94%
이산화 탄소 0.03%
기타 0.03%
산소 21%
질소 78%

[공기 중에 포함된 여러 가지 기체]

(2) 여러 가지 기체의 성질에 따른 이용

기체	성질	이용
질소	우리 주변에서 쉽게 구할 수 있고, 인체에 해롭지 않음	과자 봉지에 넣어 과자가 부스러지지 않고 모양을 유지하는 데 이용됨
헬륨	공기보다 가벼움	비행선이나 풍선을 공중에 띄우는 데 이용됨
천연가스, 뷰테인 가스	태웠을 때 에너지를 많이 냄	일상생활에서 연료로 이용됨
수소	이산화 탄소를 배출하지 않음	청정 연료로 이용됨
네온	일정한 전압에서 특유의 빛을 냄	조명 기구나 광고용 네온사인에 이용됨

01 다음 그림과 같이 한쪽 비치볼의 공기를 뺐을 때 기울어 지는 이유로 옳은 것은?

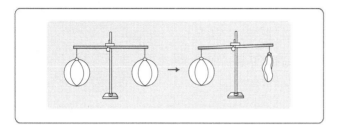

① 공기에는 무게가 있기 때문에
② 공기에는 냄새가 없기 때문에
③ 공기에는 색깔이 없기 때문에
④ 비치볼의 크기가 다르기 때문에

02 공기를 넣은 주사기의 끝을 손으로 막고 피스톤을 눌렀 을 때, 피스톤이 움직이는 이유는?

① 주사기 안에 있던 공기가 없어지기 때문에
② 주사기 안에 있던 공기가 빠져나가기 때문에
③ 주사기 안에 있던 공기의 부피가 줄어들기 때문에
④ 주사기 안에 있던 공기의 부피가 늘어나기 때문에

03 기체의 온도 변화에 따른 부피 변화를 바르게 설명한 것은?

① 기체의 온도가 올라가면 부피는 늘어난다.
② 기체의 온도가 올라가면 부피는 줄어든다.
③ 기체의 온도가 변해도 부피는 변하지 않는다.
④ 기체의 온도가 올라갔다가 내려가면 부피는 늘어 난 상태 그대로 있다.

01

한쪽 비치볼의 공기를 뺐을 때, 공기가 빠진 쪽이 위로 올라가는 것은 공기에 도 무게가 있기 때문이다.

02

공기가 들어 있는 주사기의 끝을 손으 로 막고 피스톤에 힘을 가하면, 부피가 줄어들어 피스톤이 움직이게 된다.

03

기체의 온도가 올라가면 부피는 늘어나 고, 온도가 내려가면 부피는 줄어든다.

ANSWER
01. ① **02.** ③ **03.** ①

04 **기출** 그림은 산소를 얻기 위한 기체 발생 장치이다. ㉠에 들어갈 물질로 알맞은 것은?

이산화 망가니즈

① 묽은 염산   ② 묽은 황산

③ 묽은 과산화 수소수   ④ 묽은 수산화 나트륨 용액

05 다음 중 산소의 성질이 <u>아닌</u> 것은?

① 색깔이 없다.

② 냄새가 없다.

③ 물질이 잘 타게 도와준다.

④ 석회수를 뿌옇게 흐리게 한다.

06 다음 중 대리석, 달걀 껍데기, 분필 등에 묽은 염산을 떨어뜨렸을 때 발생하는 기체는?

① 공기   ② 질소

③ 산소   ④ 이산화 탄소

07 **기출** 다음 중 기체가 이용되는 예로 적절하지 <u>않은</u> 것은?

① 헬륨 – 풍선   ② 산소 – 분말 소화기

③ 질소 – 질소 충전 포장   ④ 이산화 탄소 – 탄산음료

04

묽은 과산화 수소수와 이산화 망가니즈가 만나면 산소가 발생한다.

05

산소의 성질
• 색과 냄새가 없다.
• 물에 잘 녹지 않는다.
• 금속에 녹이 슬게 한다.
• 물질이 타는 것을 도와준다.
• 전체 공기의 약 $\frac{1}{5}$ 을 차지한다.

06

탄산칼슘이 주성분인 달걀 껍데기, 대리석, 분필, 조개껍데기 등에 묽은 염산과 같은 산성 용액을 떨어뜨리면 이산화 탄소가 발생한다.

07

산소는 다른 물질들이 타는 것을 돕는 성질이 있기 때문에 소화기에는 적합하지 않다.

ANSWER
04. ③ **05.** ④ **06.** ④ **07.** ②

07 연소와 소화

(1) 물질이 탈 때 일어나는 현상

① 물질이 탈 때 공통적으로 나타나는 현상

ㄱ 열과 빛을 내면서 탄다.

ㄴ 주변이 밝아지고, 따뜻해진다.

② 우리 주위에서 물질이 타는 예

ㄱ 생일 케이크에서 촛불이 탄다.

ㄴ 장작을 태우면서 캠프파이어를 한다.

ㄷ 가스레인지를 이용하여 음식을 익힌다.

(2) 촛불을 집기병으로 덮을 때 불이 꺼지는 이유

① 촛불 위에 집기병을 덮었을 때 : 초가 연소하기 위해서는 공기(산소)가 필요한데, 집기병으로 덮으면 공기(산소)가 차단되기 때문에 불이 꺼진다.

② 크기가 다른 투명한 통으로 촛불을 덮었을 때 : 크기가 작은 투명한 통의 촛불이 먼저 꺼지고, 크기가 큰 투명한 통의 촛불이 나중에 꺼진다.

→ 공기(산소)의 양이 다르기 때문에

③ 촛불이 계속 잘 탈 수 있는 구멍의 위치 : 위와 아래에 구멍을 뚫은 투명한 통 속의 촛불이 꺼지지 않고 잘 탄다.

→ 아래쪽으로 새로운 공기가 공급되고, 위쪽으로 가열된 공기가 빠져나가면서 공기가 원활하게 공급되기 때문에

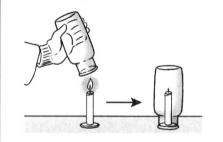

바로로 확인 ▶▶

그림은 집기병으로 덮어서 촛불을 끄는 실험을 나타낸 것이다. 다음 중 촛불이 꺼진 이유로 옳은 것은?

① 탈 물질이 공급되어서

❷ 산소 공급이 차단되어서

③ 이산화 탄소 공급이 차단되어서

④ 발화점 이상으로 온도가 높아져서

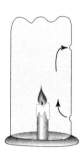

④ 낙엽을 태우거나 아궁이에 불을 붙일 때, 바람을 불어 넣어 불씨를 살리는 이유 : 연소에 필요한 공기(산소)를 충분히 공급해 주기 위해서이다.

⑤ 연소 : 물질이 산소를 만나 빛과 열을 내면서 타는 현상

(3) 불을 붙이지 않아도 물질이 탈 수 있는 이유 중요⁺

① 물체를 마찰하거나 돋보기로 햇빛을 모아 물체를 비추면 온도가 높아지고, 일정한 시간이 지나면 빛을 내며 물질이 연소한다.

② 발화점
ㄱ 발화점 : 불을 대지 않아도 물질이 연소하기 시작할 때의 온도
ㄴ 물질이 연소하려면 발화점까지 가열해야 한다.
ㄷ 발화점은 물질에 따라 다르고, 발화점이 낮을수록 먼저 불이 붙는다.

③ 연소의 세 가지 조건 : 탈 물질, 산소, 발화점 이상의 온도

(4) 물질이 탈 때 생기는 것

① 초나 알코올에 불을 붙여 집기병에 넣고, 유리판을 덮은 후 연소할 때 생기는 물질
ㄱ 연소 후 푸른색 염화코발트 종이를 집기병 벽면에 대면 붉게 변한다.
→ 물이 생겼다는 것을 알 수 있음
ㄴ 연소 후 석회수를 집기병에 부어서 흔들면 석회수가 뿌옇게 흐려진다.
→ 이산화 탄소가 생겼다는 것을 알 수 있음

② 물질이 연소할 때 생기는 물질
ㄱ 초와 알코올이 연소한 후 생기는 물질 : 물, 이산화 탄소
ㄴ 나무와 종이가 연소한 후 생기는 물질 : 물, 이산화 탄소, 숯, 재
ㄷ 철 솜이 연소한 후 생기는 물질 : 푸른색 염화코발트 종이와 석회수를 넣었을 때 변화가 없다. → 모든 물질이 연소한 후에 물과 이산화 탄소가 생기는 것은 아님

(5) 불을 끄는 방법

① 촛불을 끄는 조건에 따른 분류

촛불을 끄는 조건	촛불을 끄는 방법
탈 물질 제거	• 입으로 불거나, 손으로 바람을 일으킴 • 초에 알루미늄박을 씌움 • 심지를 핀셋으로 집음
공기(산소) 차단	• 집기병으로 덮음 • 드라이아이스를 가까이 가져감 • 물에 적신 걸레로 덮음
발화점 미만으로 온도 낮추기	• 분무기로 물을 뿌림 • 물에 적신 걸레로 덮음

② 소화

ㄱ 소화 : 연소의 조건 중에서 한 가지 이상의 조건을 제거하여 불을 끄는 것

ㄴ 소화의 예

ⓐ 탈 물질 제거 : 산불이 난 주변의 나무를 베거나 가스레인지의 밸브를 잠근다.

ⓑ 공기(산소) 차단 : 소화기로 불을 끄거나 알코올램프의 뚜껑을 덮는다.

ⓒ 발화점 미만으로 온도 낮추기 : 물을 뿌린다.

바로바로 확인 ▶▶

그림과 같이 불을 끄는 것을 의미하는 말은?

① 연소 ② 증발
❸ 소화 ④ 응결

(6) 화재 발생 시 대처 방법

① 소화기 사용법

ㄱ 소화기를 화재가 난 곳으로 운반한다.

ㄴ 손잡이 부분의 안전핀을 뺀다.

ㄷ 바람을 등지고, 호스를 불쪽으로 향하게 한다.

ㄹ 소화기의 위아래 손잡이를 잡고, 아래 손잡이를 당기면서 불을 끈다.

② 화재 발생 시 행동 요령

　㉠ 유독 가스는 열에 의해 위쪽으로 올라가므로 코를 막고, 자세를 낮추어 이동
　　해야 한다.

　㉡ 건물에 있는 승강기는 내부가 뜨겁고, 화재가 발생했을 때 작동이 멈출 수 있
　　으므로 계단을 이용해야 한다.

　㉢ 가구는 불에 타는 재질로 만들어져 있으므로 가구 밑으로 들어가지 말아야 한다.

　㉣ 금속으로 된 출입문의 손잡이는 열이 쉽게 전달되므로 손으로 직접 만지지 않
　　도록 해야 한다.

01 다음 중 물질이 탈 때 공통으로 나타나는 현상은?

기출 ① 열매가 맺힌다.

② 지진이 일어난다.

③ 빛과 열이 발생한다.

④ 밀물과 썰물이 생긴다.

02 그림과 같이 촛불 위에 크기가 다른 집기병을 덮었을 때 일어나는 현상으로 옳은 것은?

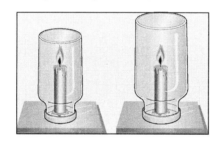

① 큰 집기병 속의 촛불이 먼저 꺼진다.

② 작은 집기병 속의 촛불이 먼저 꺼진다.

③ 두 집기병 속의 촛불이 동시에 꺼진다.

④ 두 집기병 속의 촛불이 꺼지지 않는다.

03 위와 아래에 구멍을 뚫은 투명한 통 속의 촛불이 꺼지지 않고 잘 타는 이유는?

① 공기가 원활하게 공급되기 때문에

② 투명한 통 속의 온도가 높기 때문에

③ 투명한 통 속에서 산소가 발생하기 때문에

④ 투명한 통으로 공기가 들어가지 않기 때문에

04 다음 중 발화점의 특징으로 옳지 <u>않은</u> 것은?

① 발화점은 물질에 따라 다르다.

② 발화점이 높을수록 불이 먼저 붙는다.

③ 물질이 연소하려면 발화점까지 가열해야 한다.

④ 발화점은 불을 대지 않아도 물질이 연소하기 시작할 때의 온도를 말한다.

04
② 발화점이 낮을수록 불이 먼저 붙는다.

05 어떠한 물질이 연소하는 데 필요한 조건으로 옳은 것은?

① 물을 뿌려준다.

② 공기를 공급한다.

③ 탈 물질을 제거한다.

④ 발화점 이하의 온도로 낮춘다.

05
연소의 세 가지 조건 : 탈 물질, 산소, 발화점 이상의 온도

06 다음 중 초가 연소한 후 생기는 물질끼리 바르게 짝지어진 것은?

① 물, 산소　　　　　② 수소, 산소

③ 물, 이산화 탄소　　④ 수소, 이산화 탄소

06
• 초와 알코올이 연소한 후 생기는 물질
 : 물, 이산화 탄소
• 나무와 종이가 연소한 후 생기는 물질
 : 물, 이산화 탄소, 숯, 재

ANSWER

04. ②　**05.** ②　**06.** ③

07 다음 중 ㉠에 들어갈 말로 알맞은 것은?

기출

> (㉠)의 조건
>
> • 공기(산소)를 차단하기
> • 불에 탈 물질을 없애기
> • 발화점 아래로 온도를 낮추기

① 굴절 　　　　② 소화
③ 증발 　　　　④ 광합성

08 화재 발생 시 행동 요령으로 옳은 것은?

① 승강기를 이용한다.
② 코를 막고 낮은 자세로 이동한다.
③ 불이 많은 곳으로 신속하게 이동한다.
④ 높은 창문을 통해 땅으로 뛰어내린다.

쑥쑥 실력 점검하기

단원 마무리 문제

01 다음 중 물질에 해당하는 것은?

① 컵 ② 고무

③ 의자 ④ 열쇠

02 다음 설명에 가장 적합한 컵의 종류와 재료로 알맞은 것은?

> 싸고 가벼워서 일회용 컵으로 손쉽게 사용할 수 있다.

① 종이컵 – 종이

② 유리컵 – 유리

③ 도자기 컵 – 흙

④ 플라스틱 컵 – 플라스틱

03 다음 중 자석을 이용하여 분리할 수 있는 혼합물은?

① 콩과 팥 ② 쌀과 쇠구슬

③ 수수과 소금 ④ 좁쌀과 플라스틱 구슬

01

- 물질 : 물체를 만드는 재료
- 물체 : 모양이 있고 공간을 차지하고 있는 것

02

② 투명하여 무엇이 담겼는지 쉽게 알 수 있다.

③ 음식을 오랫동안 따뜻하게 보관할 수 있다.

④ 가볍고 단단하며, 모양과 색깔이 다양하다.

03

쇠구슬은 자석에 붙고, 쌀은 자석에 붙지 않기 때문에 자석을 이용하여 혼합물을 분리할 수 있다.

ANSWER

01. ② 02. ① 03. ②

04 다음 중 거름 장치로 흙탕물을 거르는 방법으로 옳은 것은?

①

②

③

④

05 혼합물을 분리하고자 할 때, 다음과 같은 도구가 필요한 것은?

① 소금과 모래

② 밀가루와 콩

③ 물과 식용유

④ 철가루와 모래

04

거름 장치로 흙탕물을 분리할 때에는 거름종이 안에 유리 막대를 비스듬히 놓고, 유리 막대를 따라 흐르도록 천천히 붓는다.

05

물과 식용유의 혼합물을 분리할 때에는 스포이트를 사용하여 분리해 낼 수 있다.

A N S W E R

04. ① **05.** ③

06 시험관에 물을 넣고 냉각시키면, 물은 어느 부분부터 어는가?

① 윗부분부터 언다.

② 아랫부분부터 언다.

③ 가운데 부분부터 언다.

④ 시험관의 가장자리부터 언다.

06
물은 서서히 가장자리부터 얼기 시작하며, 녹을 때도 가장자리부터 녹으면서 크기가 점점 작아진다.

07 비커에 물을 넣고 가열하여 물이 끓을 때, 물의 상태 변화를 나타낸 것은?

① 액체 → 고체　　② 고체 → 액체

③ 액체 → 기체　　④ 기체 → 액체

07
끓음 : 액체인 물이 기체인 수증기로 변하는 현상

08 생활 속에서 볼 수 있는 응결의 예가 <u>아닌</u> 것은?

① 유리창에 입김을 불면 뿌옇게 된다.

② 욕실의 천장이나 벽에 물방울이 맺힌다.

③ 공기 중으로 증발했던 물이 이슬이 되어 맺힌다.

④ 주전자에 물을 넣고 끓이면 물의 높이가 낮아진다.

08
④ 끓음의 예에 해당한다.

ANSWER
06. ④　07. ③　08. ④

09 다음 ㉠, ㉡에 들어갈 말로 바르게 짝지어진 것은?

> 소금을 물에 넣었을 때와 같이 물질이 골고루 섞이는 현상을 (㉠)(이)라 하고, 소금물과 같이 물질이 골고루 섞여 있는 것을 (㉡)(이)라 한다.

㉠	㉡		㉠	㉡
① 용매	용해		② 용액	용해
③ 용해	용액		④ 용질	용액

09
- 용질 : 녹는 물질
- 용매 : 녹이는 물질
- 용해 : 물질이 골고루 섞이는 현상
- 용액 : 물질이 골고루 섞여 있는 것

10 다음 중 물의 양과 설탕이 녹는 양과의 관계를 바르게 나타낸 것은?

①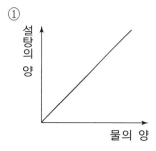

②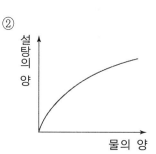

③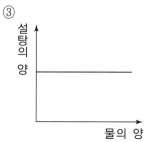

④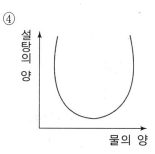

10
용매(물)의 양이 많을수록 녹을 수 있는 용질(설탕)의 양이 많아진다.

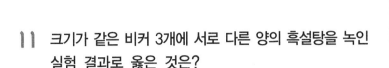

11 크기가 같은 비커 3개에 서로 다른 양의 흑설탕을 녹인 실험 결과로 옳은 것은?

(물의 양은 각각 100mL이다.)

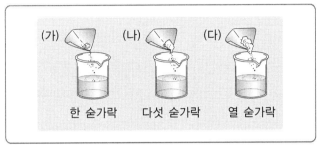

(가) 한 숟가락 (나) 다섯 숟가락 (다) 열 숟가락

① (가) 용액이 가장 달다.

② (나) 용액이 가장 무겁다.

③ (다) 용액의 색깔이 가장 진하다.

④ 용액의 진하기를 비교할 수 없다.

12 다음 중 색깔이 <u>없는</u> 용액은?

① 콜라

② 이온음료

③ 비타민 음료

④ 묽은 수산화 나트륨 용액

13 묽은 염산과 묽은 수산화 나트륨 용액을 구분할 때 사용하는 지시약은?

① 물　　　　　　② 사이다

③ 거름종이　　　④ 리트머스 종이

11

① (다) 용액이 가장 달다.

② (다) 용액이 가장 무겁다.

④ 용액의 진하기를 비교할 수 있다.

12

용액은 냄새, 색깔 등으로 분류할 수 있으며, 냄새는 손으로 끌어당기듯이 하여 맡고, 색깔은 흰 종이를 대고 관찰한다. 묽은 수산화 나트륨 용액은 무색이며 투명하고, 냄새가 나지 않는다.

13

묽은 염산은 산성 용액의 성질이기 때문에 푸른색 리트머스 종이를 붉게 변화시키고, 묽은 수산화 나트륨 용액은 염기성 용액의 성질이기 때문에 붉은색 리트머스 종이를 푸르게 변화시킨다.

ANSWER

11. ③　12. ④　13. ④

14 다음 중 ㉠에 들어갈 말로 알맞은 것은?

> 생선을 손질한 도마는 산성 물질인 ㉠ (으)로 닦아낸다.

① 식초
② 석회수
③ 제산제
④ 유리 세정제

14

②·③·④는 염기성 용액이다.

15 다음 그림과 같이 삼각 플라스크에 고무풍선을 씌운 뒤 뜨거운 물을 넣었을 때 변화에 대한 설명으로 옳은 것은?

① 아무런 변화가 없다.
② 고무풍선이 쭈그러든다.
③ 고무풍선이 부풀어 오른다.
④ 고무풍선의 색깔이 변한다.

15

온도가 올라가면 기체의 부피는 늘어나기 때문에, 뜨거운 물을 넣었을 때 고무풍선은 부풀어 오른다.

ANSWER

14. ① **15.** ③

16 다음 그림은 기체 발생 장치의 모습이다. 실험 장치에서 발생하는 기체의 종류와 기체를 만들 때 이용하는 물질을 바르게 연결한 것은?

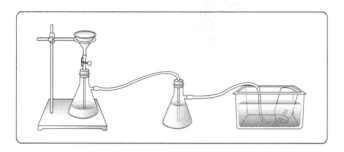

① 산소 − 탄산칼슘, 묽은 염산

② 산소 − 이산화 망가니즈, 묽은 과산화 수소수

③ 이산화 탄소 − 이산화 망가니즈, 묽은 염산

④ 이산화 탄소 − 탄산칼슘, 묽은 과산화 수소수

17 다음 설명에 해당하는 기체는?

- 공기보다 무겁다.
- 석회수를 뿌옇게 한다.
- 불을 끄게 하는 성질이 있다.

① 수소　　　　② 산소

③ 질소　　　　④ 이산화 탄소

18 물질이 빛과 열을 내면서 타는 현상을 무엇이라고 하는가?

① 소화　　　　② 연소

③ 발화　　　　④ 점화

16
- 산소 : 물 + 이산화 망가니즈, 묽은 과산화 수소수
- 이산화 탄소 : 물 + 탄산칼슘, 묽은 염산

17
이산화 탄소의 성질
- 공기보다 무겁다.
- 색과 냄새가 없다.
- 사람의 날숨 때 배출된다.
- 석회수를 뿌옇게 흐려지게 한다.
- 불에 타지 못하게 하고, 자신도 타지 않는다.

18
연소 : 물질이 산소를 만나 빛과 열을 내면서 타는 현상

ANSWER
16. ② 17. ④ 18. ②

19 그림과 같이 불을 피울 때 부채질을 하는 이유는?

① 공기를 공급한다.

② 마찰열을 공급한다.

③ 탈 물질을 제공한다.

④ 공기의 공급을 차단한다.

19
아궁이에 불을 붙일 때 바람을 불어 넣어 불씨를 살리는 이유는, 연소에 필요한 공기(산소)를 충분히 공급해 주기 위해서이다.

20 다음은 소화기의 사용 방법이다. 순서대로 나열한 것은?

> ㉠ 바람을 등지고, 호스를 불쪽으로 향하게 한다.
> ㉡ 소화기를 화재가 난 곳으로 운반한다.
> ㉢ 손잡이 부분의 안전핀을 뺀다.
> ㉣ 소화기의 위아래 손잡이를 잡고, 아래 손잡이를 당기면서 불을 끈다.

① ㉡ → ㉢ → ㉠ → ㉣

② ㉡ → ㉣ → ㉠ → ㉢

③ ㉢ → ㉡ → ㉠ → ㉣

④ ㉢ → ㉡ → ㉣ → ㉠

20
소화기 사용법
1. 소화기를 화재가 난 곳으로 운반한다.
2. 손잡이 부분의 안전핀을 뺀다.
3. 바람을 등지고, 호스를 불쪽으로 향하게 한다.
4. 소화기의 위아래 손잡이를 잡고, 아래 손잡이를 당기면서 불을 끈다.

ANSWER
19. ① **20.** ①

Chapter

03

생명

03 생명

생명에서는 생명의 연속성, 생물의 구조와 에너지, 몸의 조절, 환경과 생태계에 관한 내용을 학습합니다. 특히 식물의 한살이, 씨가 퍼지는 방법, 꽃의 구조, 소화 기관과 호흡 기관, 먹이 사슬의 관계, 세균과 곰팡이의 특징은 자주 출제되는 주제이므로 반드시 익혀 두어야 합니다.

01 동물

1 동물의 암수

(1) 동물의 암수 구별

① 암수 구별이 쉬운 동물 : 사자, 원앙, 꿩, 사슴 등

ㄱ 사자의 암수 구별 : 수컷은 갈기가 있고, 암컷은 갈기가 없다.

ㄴ 원앙의 암수 구별 : 수컷은 몸 색깔이 화려하며, 암컷은 몸 색깔이 갈색이다.

ㄷ 사슴의 암수 구별 : 수컷은 머리에 뿔이 있고, 암컷은 머리에 뿔이 없다.

[갈기가 있는 수사자]　　　　[갈기가 없는 암사자]

② 암수 구별이 어려운 동물 : 붕어, 참새, 돼지, 무당벌레 등은 암수에 따라 모습의 차이가 없어 구별이 어렵다.

(2) 알이나 새끼를 돌볼 때 암수의 역할

동물	암수의 역할
제비, 두루미, 꾀꼬리 등	암수가 알이나 새끼를 함께 돌본다. → 둥지를 틀고 알을 낳는 조류는 암수가 함께 새끼를 돌봄
곰, 소, 산양 등	암컷이 알이나 새끼를 혼자 돌본다. → 젖을 먹이는 포유류는 주로 암컷이 새끼를 돌봄
물자라, 물장군, 가시고기 등	수컷이 알이나 새끼를 혼자 돌본다.
거북, 자라, 개구리 등	암수가 알이나 새끼를 돌보지 않는다.

2 동물의 한살이

(1) 곤충의 한살이 중요⁺

① 배추흰나비의 한살이

과정	모습	특징
배추흰나비 알		• 길쭉한 옥수수 모양으로 주름져 있다. • 연한 노란색이며, 1mm 정도로 작다. • 움직이지 않는다.
배추흰나비 애벌레		• 털이 나 있고, 긴 원통 모양이다. • 몸은 머리, 가슴, 배로 구분되어 있다. • 초록색이고, 허물을 벗으며 점점 자란다. • 자유롭게 기어서 움직인다.
배추흰나비 번데기		• 마디가 있고 가운데가 볼록하며 양쪽 끝은 뾰족하다. • 주변의 색깔과 비슷하다. • 크기가 변하지 않으며, 자라지 않는다. • 움직이지 않는다.
배추흰나비 어른벌레		• 가슴에 다리가 세 쌍, 머리에 더듬이와 눈이 한 쌍씩 있다. • 배에 마디가 있으며 길쭉하고, 날개가 두 쌍 있다. • 날개는 하얀색이며, 몸통은 날개보다 짙은 색이다. • 날개를 움직여 날아다니고, 입에 말려서 붙어있는 관을 쭉 펴서 꿀을 빨아 먹는다.

② 완전 탈바꿈과 불완전 탈바꿈

완전 탈바꿈	• 알 → 애벌레 → 번데기 → 어른벌레 • 번데기 단계를 거침 • 종류 : 나비, 벌, 파리, 사슴벌레, 무당벌레 등
불완전 탈바꿈	• 알 → 애벌레 → 어른벌레 • 번데기 단계를 거치지 않음 • 종류 : 잠자리, 메뚜기, 사마귀, 방아깨비 등

용어설명 동물의 한살이 : 동물이 태어나서 어린 시절을 보내고 성장하여 다 큰 후에 새끼를 남기고 죽을 때까지의 과정

(2) 알을 낳는 동물의 한살이

① 땅에 알을 낳는 동물 : 새, 거북, 자라, 뱀, 도마뱀 등

② 물에 알을 낳는 동물 : 붕어, 연어, 도롱뇽, 두꺼비 등

③ 닭의 한살이

과정	특징
알	한쪽 끝이 뾰족한 공 모양이며, 암수 구별이 어렵다.
병아리	몸이 솜털로 덮여 있으며, 볏과 꽁지깃이 없고, 암수 구별이 어렵다.
큰 병아리	솜털이 깃털로 바뀐다.
다 자란 닭	몸이 깃털로 덮여 있으며, 볏과 꽁지깃이 있고, 암수 구별이 쉽다.

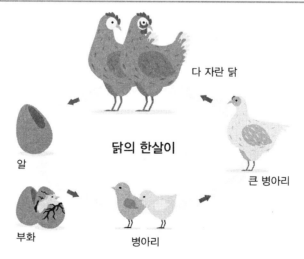

닭의 한살이

④ 개구리의 한살이

과정	특징
알	투명한 우무질로 둘러싸여 있다.
올챙이	• 알에서 나와 꼬리 달린 올챙이가 된다. • 뒷다리가 먼저 나온다. • 앞다리가 나오고, 꼬리가 짧아진다.
개구리	• 땅 위로 올라와 먹이를 먹으며 더 크게 성장한다. • 암수가 만나 짝짓기를 하고 알을 낳는다.

(3) 새끼를 낳는 동물의 한살이

① 새끼를 낳는 동물 : 소, 고양이, 사자, 토끼, 박쥐, 고래, 기린, 햄스터 등

② 새끼를 낳는 동물의 특징

⊙ 몸이 털이나 가죽으로 덮여 있다.

ⓒ 어미젖을 먹고 자라며, 다 자란 동물은 암수가 짝짓기를 하여 암컷이 새끼를 낳는다.

ⓒ 동물마다 임신 기간, 한 번에 낳는 새끼의 수, 새끼가 자라는 기간 등이 다르다.

③ 개의 한살이 : 갓 태어난 강아지 → 큰 강아지 → 다 자란 개

④ 말의 한살이 : 갓 태어난 망아지 → 큰 망아지 → 다 자란 말

3 동물의 생활

(1) 주변 동물의 생활

① 주변에서 사는 동물 : 개(마당), 참새(나무), 거미(화단, 건물), 나비(꽃밭), 개구리(물웅덩이), 공벌레(돌 밑) 등

② 동물을 조사하는 방법 : 동물도감, 인터넷, 백과사전, 매체 등

③ 동물을 분류하는 방법 : 다리의 수, 물속에서 살 수 있는가의 유무, 날개의 유무, 더듬이의 유무, 먹이의 종류(초식, 육식, 잡식), 몸 표면의 특징(털, 깃털, 비늘) 등

(2) 사는 곳에 따른 동물의 생활

① 땅에 사는 동물

　ⓒ 종류

다리가 있는 동물	소, 개미, 다람쥐 등
다리가 없는 동물	뱀, 지렁이 등

　ⓛ 특징 : 뛰어다니거나 기어다니며, 공기로 숨을 쉰다.

② 물에 사는 동물

　ⓒ 종류

물속에 사는 동물	붕어, 상어, 오징어, 다슬기 등
물가에 사는 동물	수달, 물개, 개구리, 왜가리 등

　ⓛ 특징 : 지느러미로 헤엄을 치며, 아가미로 숨을 쉰다.

③ 날아다니는 동물

　ⓒ 종류 : 나비, 매미, 잠자리, 까치 등

　ⓛ 특징 : 날개를 가지고 있으며, 몸의 균형이 잘 맞고, 크기에 비해 몸이 가볍다.

④ 사막에 사는 동물

　ⓒ 종류 : 낙타, 도마뱀, 사막여우 등

　ⓛ 특징 : 물과 먹이가 없을 때 혹에 저장된 지방을 사용하고, 발이 넓어 모래에 빠지지 않는다.

⑤ 남극에 사는 동물

　ⓒ 종류 : 펭귄, 북극곰, 바다표범 등

　ⓛ 특징 : 두꺼운 지방층과 깃털로 추위로부터 체온을 유지하고, 물속 먹이를 잡기 위해 헤엄을 잘 친다.

⑥ 동굴에 사는 동물

　ⓒ 종류 : 등줄굴노래기, 동굴옆새우 등

　ⓛ 특징 : 시각보다 촉각이 발달하였고, 먹이를 조금만 먹어도 살 수 있다.

01 다음 중 암수의 생김새가 비슷한 동물은?

① 꿩 ② 돼지
③ 사자 ④ 사슴

01
• 암수 구별이 쉬운 동물 : 사자, 원앙, 꿩, 사슴 등
• 암수 구별이 어려운 동물 : 붕어, 참새, 돼지, 무당벌레 등

02 다음과 같은 동물이 알을 돌볼 때의 암수의 역할로 옳은 것은?

> 제비, 꾀꼬리, 두루미

① 암컷이 알을 혼자 돌본다.
② 수컷이 알을 혼자 돌본다.
③ 암수가 알을 함께 돌본다.
④ 암수가 알을 돌보지 않는다.

02
둥지를 틀고 알을 낳는 조류는 암수가 함께 새끼를 돌본다.

03 다음은 배추흰나비의 한살이 중 어느 단계의 모습에 해당하는가?

• 마디가 있고 가운데가 볼록하며, 양쪽 끝은 뾰족하다.
• 크기가 변하지 않으며, 자라지 않는다.

① 알 ② 애벌레
③ 번데기 ④ 어른벌레

03
배추흰나비는 알 → 애벌레 → 번데기 → 어른벌레의 단계를 거쳐 완전 탈바꿈하는 곤충이다.

A N S W E R
01. ② **02.** ③ **03.** ③

04 다음 중 동물의 한살이 과정이 <u>잘못</u> 연결된 것은?

① 알 → 병아리 → 닭

② 알 → 개구리 → 올챙이

③ 새끼 강아지 → 큰 강아지 → 개

④ 새끼 망아지 → 큰 망아지 → 말

04
개구리의 한살이 과정
알 → 올챙이 → 개구리

05 우리 주변에서 볼 수 있는 동물이 <u>아닌</u> 것은?

① 개   ② 거미

③ 나비   ④ 낙타

05
④ 낙타는 사막에서 볼 수 있는 동물이다.

06 다음 중 물가에서 관찰할 수 있는 동물끼리 나열된 것은?

① 뱀, 지렁이   ② 붕어, 도마뱀

③ 고양이, 상어   ④ 수달, 개구리

06
물에 사는 동물
• 물속에 사는 동물 : 붕어, 상어, 다슬기 등
• 물가에 사는 동물 : 수달, 물개, 개구리 등

07 다음과 같은 환경에 적응하여 살아가는 동물은?

> 두꺼운 지방층과 깃털로 추위로부터 체온을 유지하고, 물속 먹이를 잡기 위해 헤엄을 잘 친다.

① 펭귄   ② 도마뱀

③ 사막여우   ④ 동굴옆새우

07
도마뱀과 사막여우는 사막에, 동굴옆새우는 동굴에 사는 동물이다.

02 식물

1 씨가 싹트는 조건

(1) 여러 가지 씨앗의 생김새

씨앗	모양	색깔	특징	크기
호두나무	둥글고 표면이 거칠거칠하며, 딱딱함	갈색	열매 속에 크고 단단한 씨앗이 1개 있음	크다
강낭콩	둥글고 길쭉하며, 매끄러움	검붉은 색 또는 검붉은 무늬	꼬투리 안에 여러 개의 씨앗이 들어 있음	
옥수수	윗부분은 둥글고 옆은 약간 모가 나 있으며, 끝은 약간 뾰족함	노란색, 흰색, 자주색 등	자루에 씨앗이 많이 붙어 있음	
단풍나무	작고 딱딱함	갈색	날개가 있는 열매 속에 들어 있음	
벼	길쭉하고 표면이 거칠거칠함	누런색	거칠거칠한 껍질을 벗기면 하얀 쌀이 나옴	작다

[호두나무]   [강낭콩]   [옥수수]   [단풍나무]   [벼]

(2) 씨앗이 싹트는 데 필요한 조건 중요⁺

① 씨앗이 싹트기 위해서는 적당한 양의 물과 알맞은 온도, 공기가 필요하다.

② 위의 세 가지 조건 중 어느 하나라도 맞지 않으면 씨앗이 싹트지 않는다.

바로로 확인 ▶▶

씨가 싹트는 데 온도가 주는 영향을 알아 보려고 할 때 다르게 해야 할 조건은?

❶ 온도
② 씨의 종류
③ 흙의 유무
④ 물의 유무

(3) 강낭콩 씨앗이 싹트는 과정

① 강낭콩의 겉모양과 속모양

구분	싹이 튼 강낭콩		싹이 트지 않은 강낭콩	
모양	[겉모양]	[속모양]	[겉모양]	[속모양]
겉모양	• 강낭콩이 부풀어 커지고, 껍질이 부드러워짐 • 싹이 터서 어린뿌리가 보임		• 껍질이 딱딱하고, 떡잎에 붙어 있어서 잘 벗겨지지 않음 • 어린뿌리가 보이지 않음	
속모양	• 어린잎의 색깔이 연한 노란색임 • 어린뿌리가 자라 나와 있음		• 떡잎 사이에 어린잎과 어린뿌리가 있음 • 크기가 작고, 납작하게 말라 있음	

② 강낭콩 씨앗이 싹트는 과정

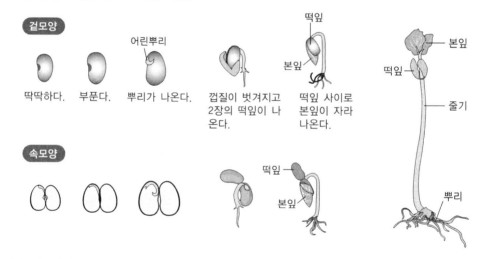

(4) 식물의 자람

① 식물이 자라는 데 필요한 조건

㉠	햇빛을 받은 강낭콩	햇빛을 받지 못한 강낭콩
	• 잎이 크고 두꺼우며, 진한 초록색임 • 줄기가 굵고 짧으며, 튼튼함	• 잎이 작고 얇으며, 연한 초록색임 • 줄기가 가늘고 길며, 약함

→ 식물이 자라는 데에는 햇빛이 필요함

ⓒ	물을 준 강낭콩	물을 주지 않은 강낭콩
	잎이 진한 초록색으로 싱싱함	잎과 줄기가 시들고 축 늘어져 있음

→ 식물이 자라는 데에는 물이 필요함

② 잎과 줄기의 자라는 모습

  ㉠ 잎이 넓어지고, 잎의 수가 많아진다.

  ㉡ 줄기가 굵어지고 길어지며, 가지의 수가 많아진다.

③ 꽃과 열매의 자라는 모습

  ㉠ 줄기와 잎자루 사이에서 꽃이 핀다.

  ㉡ 꽃망울의 개수가 많아지고, 활짝 피는 꽃이 많아진다.

  ㉢ 꽃이 진 자리에 꼬투리가 생긴다.

  ㉣ 꼬투리의 수가 많아지고, 꼬투리의 크기가 점점 커진다.

2 식물의 한살이

(1) 봉숭아의 한살이

① 봉숭아 씨앗을 심는다.

② 떡잎이 나온다(2장의 떡잎이 나온다).

③ 본잎이 자라 나온다(첫 번째 본잎은 줄기에 2장이 마주보며 나고, 두 번째 본잎부터는 줄기에 1장씩 번갈아가며 어긋나게 난다).

④ 잎과 줄기가 자란다.

⑤ 꽃이 핀다(나비 모양의 꽃이 피며, 색깔은 흰색, 분홍색 등이 있다).

⑥ 열매가 맺힌다(꽃이 지고, 꼬투리가 생긴다).

⑦ 열매가 익는다(누렇게 익은 꼬투리 안에 씨앗이 들어 있다).

⑧ 새로운 씨앗이 생긴다(새로운 씨앗은 다시 싹이 터서 한살이가 시작된다).

용어설명 식물의 한살이 : 씨가 싹트고 자라서 꽃을 피운 다음에 열매를 맺어 다시 씨를 만들고 죽기까지의 과정

식물의 한살이 과정 : 씨앗 → 떡잎 → 본잎 → 꽃 → 열매

(2) 여러 가지 식물의 한살이

구분	봉숭아, 강낭콩	옥수수
공통점	한살이 과정을 통해 대를 이어 감	
차이점	• 떡잎이 2장이고, 떡잎이 밖으로 나옴 • 꼬투리 안에 씨앗이 있음	• 떡잎이 1장이고, 떡잎이 밖으로 나오지 않음 • 자루에 씨앗이 달려 있음

(3) 한해살이 식물과 여러해살이 식물

① 한해살이 식물

ㄱ 한살이 과정이 1년 이내에 이루어지는 식물로, 모두 풀이다.

ㄴ 종류 : 벼, 봉숭아, 강낭콩, 나팔꽃, 해바라기, 코스모스, 강아지풀 등

② 여러해살이 식물

ㄱ 한살이 과정이 여러 해 동안 일어나는 식물로, 풀과 나무가 있다.

ㄴ 여러해살이 풀의 종류 : 비비추, 민들레, 쑥, 국화 등

ㄷ 여러해살이 나무의 종류 : 감나무, 복숭아나무, 밤나무, 단풍나무 등

③ 한해살이 식물과 여러해살이 식물의 비교

구분	한해살이 식물	여러해살이 풀	여러해살이 나무
공통점	씨앗에서 싹이 터서 꽃이 피고, 열매를 맺어 대를 이어 번식함		
차이점	봄에 싹이 터서 자라 꽃이 피고, 열매를 맺어 대를 잇고 식물은 죽음	• 싹이 터서 자라 꽃이 피고, 열매를 맺어 대를 이은 후, 땅 위의 잎과 줄기는 시들어 죽음 • 대부분 알뿌리로 겨울을 나고, 이듬해 다시 싹이 터서 꽃이 피고, 열매를 맺는 것을 반복함	• 싹이 터서 여러 해 동안 자란 후에 꽃이 피고, 열매를 맺어 대를 이음 • 나뭇가지로 겨울을 나고, 이듬해 나뭇가지에서 다시 싹이 터서 꽃이 피고, 열매를 맺는 것을 반복함

3 식물의 생활

(1) 식물의 생김새

① 식물의 생김새와 관련된 이름

  ㉠ 할미꽃 : 흰 털로 덮인 열매가 할머니의 하얀 머리카락 같고, 꽃대가 땅을 향해 구부러져 있다.

  ㉡ 은방울꽃 : 꽃의 모양이 흰색(은색) 방울처럼 생겼다.

  ㉢ 칠엽수 : 작은 잎 7개가 손바닥 모양으로 붙어 있다.

② 잎의 생김새와 특징

  ㉠ 잎의 전체적인 모양에 따른 분류

연꽃

[둥근 모양]

강아지풀

[길쭉한 모양]

   ⓐ 둥근 모양 : 연꽃, 자라풀, 개구리밥, 계수나무 등

   ⓑ 길쭉한 모양 : 강아지풀, 붓꽃, 자주달개비, 대나무 등

  ㉡ 잎 둘레의 모양에 따른 분류

감나무

[매끈한 모양]

벚나무

[톱니 모양]

   ⓐ 매끈한 모양 : 감나무, 부레옥잠, 목련, 고무나무 등

   ⓑ 톱니 모양 : 벚나무, 엉겅퀴, 느티나무 등

  ㉢ 잎자루에 붙어 있는 잎의 수에 따른 분류

단풍나무

[홑잎]

등나무

[겹잎]

ⓐ 홑잎 : 복숭아나무, 단풍나무, 메꽃 등

ⓑ 겹잎 : 등나무, 아까시나무, 장미 등

③ 줄기의 생김새와 특징

㉠ 곧은줄기 : 하늘을 향해 곧게 자란다.

　　⑪ 봉숭아, 명아주 등

㉡ 감는줄기 : 다른 식물이나 물체를 감고
올라간다. ⑪ 나팔꽃, 등나무 등

㉢ 기는줄기 : 땅 위를 기어서 뻗어 나간다.

　　⑪ 딸기, 고구마 등

> **바로로 확인 ▶▶**
>
> 다른 식물을 감고 올라가는 줄기를 가진 식물은?
>
> ① 배추　　　　② 봉숭아
> ❸ 나팔꽃　　　④ 명아주

④ 뿌리의 생김새와 특징

㉠ 원뿌리와 곁뿌리 : 가운데 굵은 원뿌리가 있고, 그 주변에 가느다란 곁뿌리들
이 있다. ⑪ 명아주, 민들레, 봉숭아, 호박, 인삼, 더덕, 무 등

㉡ 수염뿌리 : 굵기가 비슷한 여러 개의 뿌리가 한군데에서 나와 있다.

　　⑪ 강아지풀, 벼, 대나무, 옥수수, 양파, 파, 마늘 등

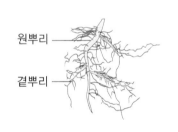
원뿌리
곁뿌리

수염뿌리

⑤ 꽃의 생김새와 특징

㉠ 꽃의 구조 : 꽃은 암술, 수술, 꽃잎, 꽃받침으로 이루어져 있다.

㉡ 개나리꽃과 벚꽃의 비교

공통점	암술, 수술, 꽃잎, 꽃받침으로 되어 있음
차이점	• 개나리꽃은 노란색이고, 벚꽃은 흰색임 → 꽃의 색깔이 다름 • 개나리꽃은 통꽃이고, 벚꽃은 갈래꽃임

통꽃과 갈래꽃

1. **통꽃** : 꽃잎이 모두 붙어 있는 꽃 ⓔ 개나리, 진달래, 호박꽃 등
2. **갈래꽃** : 꽃잎이 여러 갈래로 갈라져 있는 꽃 ⓔ 벚꽃, 장미꽃 등

⑥ 열매의 생김새와 특징 중요⁺

　㉠ 사과와 복숭아의 비교

공통점	• 열매 모양이 둥글고, 열매 안에 씨가 들어 있음 • 열매의 맛이 달고, 수분이 많음
차이점	• 사과씨는 작고, 복숭아씨는 큼 • 사과씨는 여러 개이고, 복숭아씨는 1개임

　㉡ 씨가 퍼지는 방법

　　ⓐ 동물에게 먹혀서 : 사과나무, 배나무 등

　　ⓑ 바람에 날려서 : 민들레, 소나무, 단풍나무 등

　　ⓒ 꼬투리가 터져서 : 팥, 완두, 강낭콩 등

　　ⓓ 동물의 몸에 붙어서 : 도깨비바늘 등

> **바로로 확인 ▶▶**
>
> 다음 설명에 해당하는 식물은?
>
> • 씨에 가벼운 솜털이 있다.
> • 씨가 바람에 날려서 퍼진다.
>
> ① 자두　　　　② 벚나무
> ❸ 민들레　　　④ 도깨비바늘

(2) 식물이 사는 곳

① 들과 숲에 사는 식물

구분	들에 사는 식물	숲에 사는 식물
특징	• 키가 작은 풀이 많음 • 한해살이 또는 두해살이 풀이 많음 • 아름다운 꽃이 피는 식물이 많음 • 바람에 잘 흔들림	• 키가 큰 나무가 많음 • 수십 년에서 수백 년 동안 계속 자람 • 열매를 얻거나 목재로 이용함 • 바람에 잘 흔들리지 않음
종류	민들레, 토끼풀, 명아주 등	소나무, 단풍나무, 신갈나무 등

② 연못이나 강가에 사는 식물

　㉠ 물 위에 떠서 사는 식물 : 몸의 대부분이 잎이며, 수염 같은 뿌리가 있다.
　　예 개구리밥, 부레옥잠 등

　㉡ 물속에 잠겨서 사는 식물 : 줄기가 가늘고 약하며, 잎이 좁고 긴 것이 많다. 물
　　속에서 꺼내면 축 늘어진다. 예 검정말, 나사말, 붕어마름 등

　㉢ 잎이나 꽃이 물 위에 뜨는 식물 : 뿌리는 물속 땅 밑에 있고, 잎이나 꽃이 물
　　위에 떠 있다. 예 수련, 마름, 연꽃 등

　㉣ 물가 식물 : 뿌리가 물속이나 젖은 땅에 있으며, 키가 크고 줄기가 튼튼하다.
　　예 줄, 부들, 갈대 등

③ 높은 산에 사는 식물

　㉠ 기후 : 매우 춥고, 강한 바람이 분다.

　㉡ 특징

　　ⓐ 강한 바람에 견딜 수 있게 줄기가 짧거나 땅 위를 기어가듯이 자란다.

　　ⓑ 강한 바람에 견디고, 물을 많이 흡수하기 위해 뿌리가 땅속 깊이 뻗는다.

　㉢ 종류 : 두메양귀비, 구상나무, 솜다리 등

④ 사막에 사는 식물

　㉠ 기후 : 덥고 건조하며, 비가 자주 오지 않고, 일교차가 크다.

　㉡ 특징

　　ⓐ 물의 증발을 막기 위해 가시모양의 잎을 가진다.

　　ⓑ 물을 저장하기 위해 굵은 줄기를 가진다.

　㉢ 종류 : 선인장, 금호 등

바로 확인 ▶▶

다음과 같은 특징을 가진 식물이 사는 곳은?

• 물을 저장하기 위해 굵은 줄기를 가진다.
• 물의 증발을 막기 위해 가시 모양의 잎을 가진다.

① 갯벌　　　　❷ 사막
③ 바닷가　　　④ 높은 산

01 다음 중 나팔꽃이 싹트는 데 필요하지 않은 것은?

① 물
② 온도
③ 공기
④ 어둠상자

01
씨앗이 싹트기 위해서는 적당한 양의
물과 알맞은 온도, 공기가 필요하다.

02 싹이 튼 강낭콩의 특징으로 옳은 것은?

① 껍질이 딱딱하다.
② 크기가 작고 납작하다.
③ 강낭콩이 부풀어 있다.
④ 어린뿌리가 보이지 않는다.

02
①·②·④는 싹이 트지 않은 강낭콩의
특징이다.

03 강낭콩의 잎과 줄기가 자라는 모습에 대한 설명으로
옳은 것은?

① 잎의 수가 많아진다.
② 가지의 수가 적어진다.
③ 줄기의 굵기가 얇아진다.
④ 줄기의 길이가 짧아진다.

03
② 가지의 수가 많아진다.
③ 줄기의 굵기가 굵어진다.
④ 줄기의 길이가 길어진다.

A N S W E R
01. ④ **02.** ③ **03.** ①

04 다음은 식물의 한살이의 과정이다. ㉠과 ㉡에 들어갈 말로 알맞은 것은?

$$씨앗 → 떡잎 → (㉠) → 꽃 → (㉡)$$

	㉠	㉡		㉠	㉡
①	잎	열매	②	뿌리	가지
③	본잎	열매	④	본잎	뿌리

04
식물의 한살이 과정
씨앗 → 떡잎 → 본잎 → 꽃 → 열매

05 봉숭아의 한살이에 대한 설명으로 옳지 <u>않은</u> 것은?

① 떡잎이 1장 나온다.

② 첫 번째 본잎은 줄기에 2장이 마주보며 난다.

③ 누렇게 익은 꼬투리 안에 씨앗이 들어 있다.

④ 나비 모양의 꽃이 피며, 색깔은 흰색, 분홍색 등이 있다.

05
① 떡잎이 2장 나온다.

06 다음 중 여러해살이 식물이 <u>아닌</u> 것은?

① 벼　　　　　　② 국화

③ 비비추　　　　④ 감나무

06
① 벼는 한해살이 식물이다.

07 다음 중 톱니 모양의 잎을 가지는 식물은?

① 목련　　　　　② 벚나무

③ 감나무　　　　④ 부레옥잠

07
• 톱니 모양 : 벚나무, 엉겅퀴, 느티나무 등
• 매끈한 모양 : 감나무, 부레옥잠, 목련, 고무나무 등

A N S W E R
04. ③　**05.** ①　**06.** ①　**07.** ②

08 줄기가 뻗는 모양과 식물 이름이 바르게 연결된 것은?

① 곧은줄기 – 고구마　　② 기는줄기 – 봉숭아

③ 감는줄기 – 나팔꽃　　④ 감는줄기 – 명아주

08

고구마는 기는줄기이고, 봉숭아와 명아주는 곧은줄기이다.

09 **기출** 그림과 같이 도깨비바늘의 씨가 퍼지는 방법은?

도깨비바늘

① 물을 이용하여 퍼진다.

② 껍질이 터지면서 퍼진다.

③ 동물의 몸에 달라붙어 퍼진다.

④ 동물의 배설물을 통하여 퍼진다.

09

씨가 퍼지는 방법

• 바람에 날려서 ☜ 민들레, 소나무 등

• 꼬투리가 터져서 ☜ 팥, 강낭콩 등

• 동물에게 먹혀서 ☜ 사과나무, 배나무 등

• 동물의 몸에 붙어서 ☜ 도깨비바늘 등

10 **기출** 다음 설명에 해당하는 식물은?

• 햇빛이 강한 곳에서 잘 자란다.

• 사막처럼 낮과 밤의 온도 차가 크고, 건조한 곳에서 자란다.

① 수련　　　　　② 선인장

③ 검정말　　　　④ 부레옥잠

10

사막과 같이 덥고 건조하며, 비가 자주 오지 않는 곳에서는 물의 증발을 막기 위해 가시모양의 잎을 가지며, 물을 저장하기 위해 굵은 줄기를 가지는 선인장, 금호 등과 같은 식물이 자란다.

A N S W E R

08. ③　09. ③　10. ②

03 식물의 구조와 기능

1 세포

(1) 세포의 의미

① 생명체를 이루는 기본 단위로, 모든 생물은 세포로 이루어져 있다.

② 세포는 대부분 크기가 매우 작아 맨눈으로 관찰할 수 없다.

③ 세포의 모양과 크기는 생물의 종류에 따라 다양하다.

바로바로확인▶▶

세포에 대한 설명으로 옳지 <u>않은</u> 것은?

① 세포의 크기는 매우 작다.

② 모든 생물은 세포로 이루어져 있다.

❸ 식물 세포와 동물 세포에는 세포벽이 있다.

④ 세포의 모양은 생물의 종류에 따라 다르다.

---

(2) 식물 세포와 동물 세포

① 식물 세포 : 세포벽과 세포막으로 둘러싸여 있으며, 그 안에는 핵이 있다.

② 동물 세포 : 세포막과 핵은 있지만, 식물 세포와 다르게 세포벽이 없다.

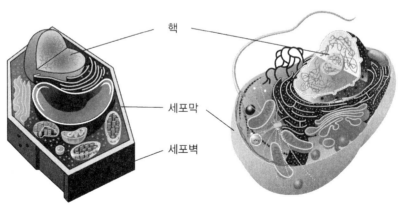

핵

세포막

세포벽

[식물 세포]　　　　　　[동물 세포]

2 식물의 구조와 기능

(1) 뿌리의 구조와 하는 일

① 뿌리의 지지 작용

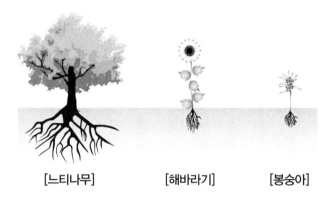

[느티나무]　　　　[해바라기]　　　　[봉숭아]

㉠ 식물의 크기가 클수록 뿌리의 길이가 길다.

㉡ 식물의 뿌리는 식물이 쓰러지지 않게 지탱해 주는 '지지 작용'을 한다.

㉢ 바람이 많이 부는 지역에 사는 식물의 뿌리는 땅속 깊이 박혀 있다.

② 뿌리의 흡수 작용

㉠ 양파의 뿌리가 하는 일 알아보기

ⓐ 실험 방법 : 뿌리를 자른 양파와 뿌리를 그대로 둔 양파를 같은 양의 물이 든 비커에 올려 햇빛이 잘 드는 곳에 2~3일 동안 놓아둔다.

ⓑ 실험 결과 : 뿌리를 자른 양파는 물이 조금 줄어들었고, 뿌리를 그대로 둔 양파는 물이 많이 줄었다.

2~3일 후

㉡ 식물의 뿌리는 물을 흡수하는 '흡수 작용'을 한다.

㉢ 사막과 같이 물이 부족한 지역에 사는 식물의 뿌리는 땅속 깊이 박혀 멀리까지 발달되어 있다.

③ 뿌리의 저장 작용

㉠ 당근 뿌리 관찰하기

겉모습		• 색깔이 주황색임 • 위쪽이 조금 통통하고, 아래쪽으로 갈수록 가는 긴 원통형임 • 뿌리와 잎이 연결되어 있으며, 잎과 연결된 부분은 초록색임 • 겉에 하얀색의 잔뿌리가 있음	
단 면	가로	• 연노란색의 둥근 띠가 있음 • 곁뿌리가 속 부분으로 연결되어 있음	
	세로	• 중심을 경계로 연노란색의 띠가 연속적으로 있음 • 곁뿌리가 속 부분으로 연결되어 있음	겉 속 겉
맛	겉 부분	단맛이 강함 → 영양분이 저장되어 있는 곳이기 때문에	
	속 부분	단맛이 약함 → 물이나 영양분의 이동 통로가 있는 곳이기 때문에	

㉡ 뿌리는 영양분을 저장하는 '저장 작용'을 한다.

㉢ 당근 뿌리의 구조와 하는 일

ⓐ 당근 뿌리는 주황색의 긴 원통 모양으로, 원뿌리 주위에 곁뿌리가 많이 나 있다.

ⓑ 당근 뿌리는 영양분을 저장하는 겉 부분과 물이나 영양분이 통과하는 속 부분이 따로 있다.

ⓒ 당근 뿌리의 기능 : 지지 작용, 흡수 작용, 저장 작용

㉣ 당근이나 무, 고구마 등 일부 식물들은 잎에서 만든 영양분을 뿌리에 저장하기 때문에 뿌리가 매우 크고 굵다.

(2) 줄기의 구조와 하는 일

① 줄기의 겉모양과 하는 일

㉠ 까칠까칠하거나 매끈한 껍질 : 껍질은 추위와 더위로부터 식물을 보호하며, 곤충의 침입을 막아 주는 역할을 한다.

㉡ 잎이 달린 부분과 달리지 않은 부분의 반복 : 마디가 반복되어 식물을 지탱해 잎이 붙어 있도록 해준다.

② 줄기의 구조

  ㉠ 마디 : 줄기에서 잎이 붙어 있는 자리

  ㉡ 마디 사이 : 하나의 마디와 연속된 다른 마디 사이에 있는 부분

  ㉢ 끝눈 : 줄기의 끝에 있는 새로운 줄기와 잎을 만드는 부분

  ㉣ 곁눈 : 줄기 사이에 있는 새로운 줄기와 잎을 만드는 부분

③ 줄기에서 물이 이동하는 방법

  ㉠ 식물 줄기를 붉은색 색소 물에 담가 두었다가 잘라 보면 붉게 물든 부분을 관찰할 수 있는데, 이 부분이 뿌리에서 흡수한 물이 이동하는 통로이다.

  ㉡ 물관 : 식물 줄기의 껍질 안에 있는 물이 이동하는 통로

  ㉢ 물관은 뿌리, 줄기, 잎까지 연결되어 있으며, 식물의 종류에 따라 배열되어 있는 형태가 다르다.

  ㉣ 물관의 크기 : 키가 크고 줄기가 두꺼운 나무와 키가 작고 줄기가 얇은 나무의 물관 하나의 크기는 거의 비슷하며, 줄기가 두꺼운 나무가 물관의 숫자가 많은 것이다.

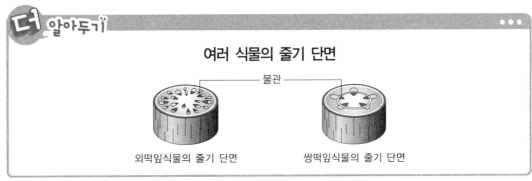

여러 식물의 줄기 단면

물관

외떡잎식물의 줄기 단면   쌍떡잎식물의 줄기 단면

(3) 잎의 구조와 하는 일

① 잎의 구조

  ㉠ 잎몸, 잎자루, 잎맥으로 구성된다.

  ㉡ 기공 : 잎의 겉에 있는 우리 눈에 보이지 않는 수많은 구멍으로, 형태와 배열은 식물의 종류에 따라 다양하다.

잎맥

잎몸

잎자루

[잎의 구조]

② 잎에서 만들어지는 물질 알아보기

　㉠ 실험 방법

　　ⓐ 식물의 잎을 알루미늄 포일을 씌운 다음, 햇빛에 2~3일 놓아둔다.

　　ⓑ 알코올이 들어 있는 작은 비커에 알루미늄 포일로 씌운 잎과 씌우지 않은 잎을 넣고, 이 비커를 물이 든 큰 비커에 넣어 알코올램프로 가열한다.

　　ⓒ 가열한 잎을 따뜻한 물로 헹군 다음, 아이오딘-아이오딘화 칼륨 용액을 각각 떨어뜨려 잎에서 일어나는 색깔 변화를 관찰한다.

　㉡ 실험 결과

　　ⓐ 알루미늄 포일을 씌운 잎 : 색깔이 변하지 않는다.

　　ⓑ 알루미늄 포일을 씌우지 않은 잎 : 색깔이 청남색으로 변한다.

　　ⓒ 아이오딘-아이오딘화 칼륨 용액은 녹말과 반응하여 청남색으로 변하기 때문에, 햇빛을 받은 잎에서 녹말이 만들어짐을 알 수 있다.

③ 햇빛을 받은 잎에서 만들어진 물질

　㉠ 광합성 : 잎에 있는 엽록체라는 색소에서 빛과 뿌리에서 흡수한 물을 이용하여 영양분을 스스로 만드는 작용

　㉡ 빛과 물에 의해 만들어진 영양분은 벼, 보리 등의 씨에 저장되기도 하고, 감자의 줄기, 고구마의 뿌리 등에 저장되기도 한다.

> **바로로 확인 ▶▶**
>
> **식물이 햇빛을 받아 스스로 영양분을 만들어내는 작용은?**
> ① 흡수 작용　　② 증산 작용
> ③ 호흡 작용　　❹ 광합성 작용

④ 잎의 증산 작용

　㉠ 뿌리에서 흡수된 물은 줄기의 물관을 통해 잎까지 이동하여 식물의 각 부분에서 이용되고, 일부분은 잎의 기공을 통해 빠져나간다.

　㉡ 증산 작용 : 식물의 잎에서 물이 수증기가 되어 빠져나가는 현상

　㉢ 증산 작용은 물을 나무 잎 높은 곳까지 끌어올리는 데 중요한 역할을 한다.

(4) 꽃의 구조와 하는 일 중요⁺

① 꽃은 기본적으로 암술, 수술, 꽃잎, 꽃받침으로 구성되며, 씨를 만드는 역할을 한다.

② 꽃의 구조

    ㉠ 암술 : 암술머리, 암술대, 씨방으로 이루어져 있고, 씨방 속에는 밑씨가 들어 있다.

    ㉡ 수술

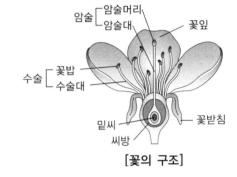

[꽃의 구조]

        ⓐ 수술대와 꽃밥으로 이루어져 있다.

        ⓑ 꽃가루받이(수분) : 꽃밥에서 만들어진 꽃가루가 다양한 방법으로 암술머리로 옮겨지는 것

        ⓒ 꽃가루받이를 한 꽃가루는 길게 자라 밑씨와 결합하여 나중에 씨가 된다.

    ㉢ 꽃잎 : 암술과 수술을 보호한다.

    ㉣ 꽃받침 : 꽃을 보호하고 받쳐 준다.

(5) 열매의 구조와 하는 일

① 씨의 겉에는 껍질이 있어 씨를 보호하고 있으며, 씨와 씨를 보호하고 있는 껍질 부분을 합하여 '열매'라고 한다.

② 우리가 먹는 과일은 씨와 껍질 사이에 많은 영양분이 저장되어 있는 열매이다.

③ 꽃이 수정되면 씨가 만들어지고, 이 씨를 보호하고 자손을 멀리 퍼뜨리기 위하여 열매를 만든다.

④ 사과의 성숙 과정 : 사과는 줄기에 꽃이 붙는 부분인 꽃받기가 자라서 과육이 된다.

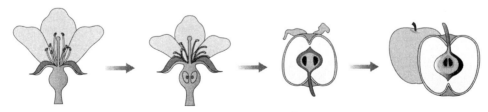

[사과의 성숙 과정]

01 그림에서 ㉠에 해당하는 것은?
기출

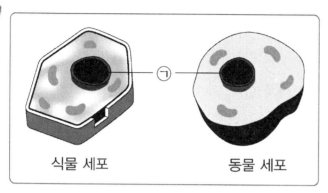

식물 세포   동물 세포

① 핵   ② 표피
③ 세포막   ④ 세포벽

01

핵은 식물 세포와 동물 세포 안에 있는 막으로 둘러싸인 부분으로, 모든 생물은 세포로 이루어져 있다.

02 다음 중 식물의 뿌리가 하는 일이 <u>아닌</u> 것은?
① 지지 작용   ② 증산 작용
③ 흡수 작용   ④ 저장 작용

02

식물의 뿌리가 하는 일
• 지지 작용 : 식물이 쓰러지지 않게 지탱해 줌
• 흡수 작용 : 물을 흡수함
• 저장 작용 : 영양분을 저장함

03 다음 중 뿌리에 가장 많은 영양분을 저장하는 식물은?
① 귤   ② 양파
③ 호박   ④ 고구마

03

당근이나 고구마, 무 등은 잎에서 만든 영양분을 뿌리에 저장하기 때문에 뿌리가 매우 크고 굵다.

A N S W E R

01. ① **02.** ② **03.** ④

04 증산 작용에 대한 설명으로 옳지 <u>않은</u> 것은?

① 뿌리와 줄기에서도 증산 작용이 일어난다.

② 잎에서 물이 수증기가 되어 빠져나가는 현상이다.

③ 물을 나무 위 높은 곳까지 끌어올리는 데 중요한 역할을 한다.

④ 여름에 숲 속에 들어가면 시원한 까닭도 증산 작용에 의한 것이다.

04
① 잎에서 증산 작용이 일어난다.

05 그림을 보고 알 수 있는 꽃의 기본 구조가 <u>아닌</u> 것은?

사과꽃 해부도

① 수술
② 암술
③ 꽃잎
④ 뿌리

05
꽃은 암술, 수술, 꽃잎, 꽃받침으로 이루어져 있으며, 씨를 만드는 역할을 한다.

06 다음 내용에서 설명하는 것은?

> 바람, 곤충, 물, 사람 등에 의해 수술에 있는 꽃가루가 암술머리에 전달되는 것

① 싹 틔우기
② 뿌리 내리기
③ 꽃가루받이
④ 꽃 피우기

06
꽃가루받이는 꽃밥에서 만들어진 꽃가루가 다양한 방법으로 암술머리로 옮겨지는 것으로, 꽃가루받이를 한 꽃가루는 길게 자라 밑씨와 결합하여 나중에 씨가 된다.

A N S W E R
04. ① **05.** ④ **06.** ③

07 열매에 대한 설명으로 옳지 <u>않은</u> 것은?

① 모든 열매는 수술대가 자라서 된 것이다.

② 씨를 보호하고 자손을 멀리 퍼뜨리기 위해서 열매를 만든다.

③ 씨와 씨를 보호하고 있는 껍질 부분을 합하여 열매라고 한다.

④ 우리가 먹는 과일은 씨와 껍질 사이에 많은 영양분이 저장되어 있는 열매이다.

08 그림은 사과를 반으로 자른 모습이다. ㉠에 해당하는 것은?

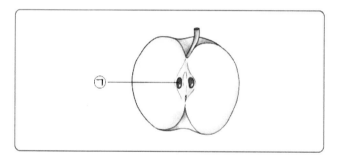

① 씨   ② 수술
③ 암술   ④ 꽃받침

ANSWER

07. ① **08.** ①

04 우리 몸의 구조와 기능

(1) 뼈와 근육

① 뼈와 근육의 생김새와 하는 일

구분		생김새	하는 일
뼈	머리뼈	동그란 모양	뇌를 보호함
	갈비뼈	여러 개의 뼈가 좌우로 둥글게 연결되어 큰 공간을 이룬 모양	심장과 폐 등 우리 몸속의 기관을 보호함
	등뼈	여러 마디의 뼈가 길게 연결된 굵고 큰 기둥 모양	우리 몸을 지탱해 줌
	팔뼈	굵고 긴뼈가 위아래로 연결된 모양	굽히기와 펴기를 자유롭게 할 수 있음
	다리뼈	팔뼈보다 좀 더 굵고 긴뼈가 위아래로 연결된 모양	
근육		• 뼈를 보호해 줌 • 몸을 움직일 수 있게 해 줌	

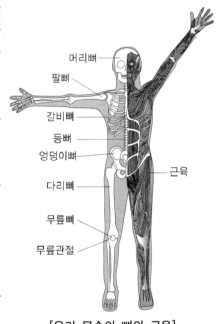

머리뼈
팔뼈
갈비뼈
등뼈
엉덩이뼈
근육
다리뼈
무릎뼈
무릎관절

[우리 몸속의 뼈와 근육]

② 관절

㉠ 관절 : 뼈와 뼈가 서로 맞닿아 연결되는 부위

㉡ 하는 일 : 몸을 구부리거나 펼 수 있게 해 준다.

③ 팔을 굽히고 펴는 원리

㉠ 팔이 굽혀지는 원리 : 안쪽 근육이 오므라들고, 이 근육의 작용으로 바깥쪽 근육이 펴지면서 팔이 굽혀진다.

㉡ 팔이 펴지는 원리 : 바깥쪽 근육이 오므라들고, 이 근육의 작용으로 안쪽 근육이 펴지면서 팔이 펴진다.

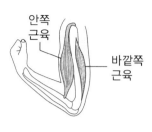

[팔을 굽혔을 때]

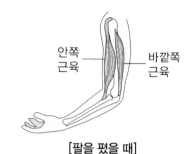

[팔을 폈을 때]

(2) 소화 기관 중요⁺

① 소화 기관이 하는 일

구분	구조	하는 일
입	치아와 혀가 있으며, 침샘에서 침을 분비함	음식물을 씹어 잘게 부수고, 침이 음식물과 섞이게 함
식도	입과 위를 연결하는 긴 관 모양	입에서 부서진 음식물을 위로 내려 보냄
위	작은 주머니 모양으로, 식도와 연결 되어 있으며, 내부에 주름이 있음	위액은 단백질을 분해하고, 음식물 과 함께 들어온 세균을 죽임
작은창자	배의 가운데에 있으며, 위와 큰창자 와 연결되어 있음	잘게 부서진 음식물의 영양소를 흡 수함
큰창자	작은창자와 항문과 연결되어 있음	물을 흡수한 후 항문으로 배출함

용어 설명 ▶ 소화 : 우리 몸에 필요한 영양소가 들어 있는 음식물을 잘게 쪼개고, 영양소가 우리 몸에 흡수될 수 있도록 분해하는 과정
소화 기관 : 음식물의 소화에 관여하는 몸속 기관

바로로 확인 ▶▶

다음 대화에서 설명하는 인체 기관은?

혜진 : 우리 몸에서 음식물을 잘게 쪼개고 흡수하는 기관이 무엇일까?
민수 : 그 기관에는 입, 위, 작은창자, 큰 창자가 있어.

① 호흡 기관   ② 순환 기관
❸ 소화 기관   ④ 감각 기관

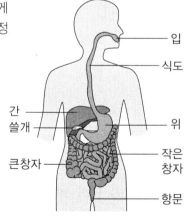

[우리 몸속의 소화 기관과 소화를 돕는 기관]

② 음식물이 소화되어 배출되는 과정

입 ➡ 식도 ➡ 위 ➡ 작은창자 ➡ 큰창자 ➡ 항문

③ 소화를 돕는 기관

㉠ 간 : 소화를 돕는 액체인 쓸개즙을 분비한다.

㉡ 쓸개 : 간에서 분비된 쓸개즙이 저장되었다가 음식물과 섞여 소화를 도와준다.

(3) 순환 기관

① 심장과 혈관, 혈액이 하는 일

구분	하는 일
심장	가슴의 중앙에서 약간 왼쪽으로 치우쳐 있는 자기 주먹만한 크기인 혈액 순환의 중심 기관으로, 펌프 작용을 통해 혈액을 온몸으로 순환시킴
혈관	혈액이 흐르는 통로로, 몸 전체에 퍼져 있음
혈액	몸에 필요한 산소와 영양소를 운반함

용어설명 순환 기관 : 혈액 순환에 관여하는 기관

② 혈액 순환

㉠ 혈관의 종류

동맥	심장에서 나온 혈액이 지나는 혈관으로, 온몸에 산소가 풍부한 혈액을 공급해 줌
정맥	심장으로 들어가는 혈액이 지나는 혈관으로, 산소가 부족한 혈액을 심장으로 되돌려 보냄
모세혈관	동맥과 정맥을 연결해 주는 혈관

㉡ 혈액 순환 : 펌프 작용을 통해 심장에서 나온 혈액이 혈관을 따라 온몸을 거친 다음, 다시 심장으로 되돌아가는 과정을 반복하는 것

심장 ➡ 동맥 ➡ 모세혈관 ➡ 정맥 ➡ 심장

(4) 호흡 기관 중요⁺

① 호흡할 때 몸에서 나타나는 변화

㉠ 숨을 들이마실 때와 내쉴 때의 몸의 변화

구분	몸의 변화
숨을 들이마실 때	어깨와 갈비뼈가 위로 올라가고, 배가 들어감
숨을 내쉴 때	어깨가 내려가고, 갈비뼈가 원위치로 돌아가며, 배가 나옴

㉡ 숨을 들이마실 때와 내쉴 때의 가슴둘레의 변화

구분	가슴둘레의 변화	이유
숨을 들이마실 때	가슴둘레가 커짐	몸속으로 공기가 들어오기 때문에
숨을 내쉴 때	가슴둘레가 작아짐	몸속에 있던 공기가 몸 밖으로 나가기 때문에

② 호흡 기관이 하는 일

구분	하는 일
코	• 공기를 들이마시고, 내보내는 출입구 역할을 함 • 콧속의 점액과 잔털이 들이마신 공기 속에 들어 있는 먼지나 세균 등을 걸러 줌
기관	• 목구멍에서 폐까지 이어져 있는 긴 관으로, 가슴 부분에서 2개의 기관지로 갈라져 양쪽 폐로 들어감 • 안쪽 벽에 점액과 많은 섬모가 있어 공기 중의 먼지나 세균을 걸러 줌
기관지	수많은 폐포와 연결되어 있음
폐	• 가슴 속 좌우에 한 쌍이 있으며, 갈비뼈와 횡경막으로 둘러싸여 있음 • 공기 중의 산소를 흡수하고, 몸에서 생긴 이산화 탄소를 폐포로 배출하여 몸 밖으로 내보냄

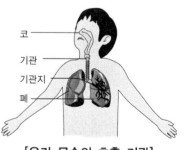

코
기관
기관지
폐

[우리 몸속의 호흡 기관]

용어설명 호흡 : 숨을 들이마시고, 내쉬는 활동

호흡 기관 : 호흡에 관여하는 기관으로 몸에 필요한 공기를 들이마시고, 불필요한 공기를 몸 밖으로 내보내는 역할을 함

③ 호흡 과정에서 공기의 이동

    ㉠ 숨을 들이마실 때 : 코 → 기관 → 기관지 → 폐

    ㉡ 숨을 내쉴 때 : 폐 → 기관지 → 기관 → 코

(5) 배설 기관

① 배설 기관의 생김새와 위치

구분	생김새와 위치
콩팥	• 강낭콩 모양으로, 등쪽 허리의 양쪽에 2개가 있음 • 아래쪽으로 오줌관을 통해 방광과 연결되어 있음
오줌관	• 긴 관 모양 • 콩팥과 방광 사이에 있음
방광	• 작은 공 모양 • 위쪽은 오줌관과 아래쪽은 요도와 연결되어 있음
요도	• 짧은 관 모양 • 방광의 끝에 연결되어 있음

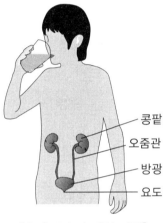

[우리 몸속의 배설 기관]

용어 설명 ▶ 배설 : 혈액 속에 생긴 노폐물을 몸 밖으로 내보내는 것
              배설 기관 : 배설에 관여하는 기관

② 혈액 속의 노폐물이 몸 밖으로 나오는 과정

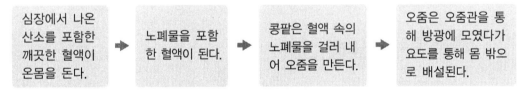

심장에서 나온 산소를 포함한 깨끗한 혈액이 온몸을 돈다. ➡ 노폐물을 포함한 혈액이 된다. ➡ 콩팥은 혈액 속의 노폐물을 걸러 내어 오줌을 만든다. ➡ 오줌은 오줌관을 통해 방광에 모였다가 요도를 통해 몸 밖으로 배설된다.

③ 오줌이 몸 밖으로 배설되는 과정

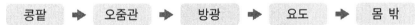

콩팥 ➡ 오줌관 ➡ 방광 ➡ 요도 ➡ 몸 밖

④ 우리 몸이 영양소와 산소를 이용하여 몸에 필요한 에너지를 만들 때 몸에 필요하지 않은 노폐물도 함께 만들어진다. 이 노폐물은 몸 밖으로 내보내지 않으면, 몸속에 쌓여 독성을 가진 물질이 된다.

⑤ **땀샘**

　㉠ 피 속에서 필요 없는 것을 걸러 내어 땀을 만든다.

　㉡ 피부의 안쪽에 있는 길고 가는 작은 관이다.

　㉢ 땀이 하는 일 : 체온 조절, 찌꺼기 배출의 역할을 한다.

(6) 감각 기관

① 감각 기관이 하는 일

구분	하는 일
귀	소리를 들음
코	냄새를 맡음
눈	여러 가지 물체를 보고 구별함
입(혀)	맛을 봄
손(피부)	여러 가지 물체를 만져 보고 구별함

용어 설명 감각 기관 : 주변으로부터 자극을 느끼고 받아들이는 역할을 하는 기관

② 자극에 대한 반응 과정

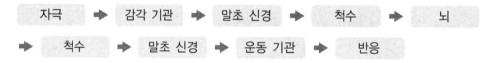

자극 ➡ 감각 기관 ➡ 말초 신경 ➡ 척수 ➡ 뇌

➡ 척수 ➡ 말초 신경 ➡ 운동 기관 ➡ 반응

③ 우리 몸속의 신경계의 위치

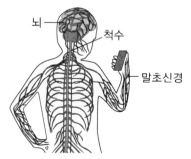

뇌

척수

말초신경

④ 신경계의 위치에 따른 하는 일

구분	위치	하는 일
뇌	머리에 있음	전달된 자극을 느끼고, 행동을 결정함
척수	뇌와 연결되어 등의 중앙에 있음	몸의 각 부분으로부터의 자극을 뇌에 전달하고, 뇌의 명령을 몸의 각 부분으로 전달함
말초 신경	척수와 연결되어 온몸에 뻗어 있음	자극을 받아들여 척수에 전달함

(7) 운동 후 몸의 변화

① 운동을 한 후에 몸에서 나타나는 변화 : 숨이 차서 호흡이 빨라지고, 심장 박동이 빨라지며, 갈증이 난다.

② 운동을 한 후에 몸에서 변화가 나타나는 이유

　㉠ 심장 : 운동을 하면 우리 몸은 더 많은 에너지를 얻기 위해 혈액을 더 빠르게 순환시킴으로써 더 많은 양의 산소와 영양분을 온몸으로 운반하게 된다. 이때 혈액 순환을 빠르게 하려면 혈액을 순환시키는 펌프 역할을 하는 심장이 더 빠르게 뛰어야 하므로 심장 박동이 빨라진다.

　㉡ 폐 : 운동할 때 우리 몸에 필요한 산소를 더 많이, 더 빨리 공급하기 위해서는 폐가 활발하게 움직여야 하므로 호흡이 빨라진다.

01 다음 중 뼈가 하는 일이 <u>아닌</u> 것은?

① 굽히는 일과 펴는 일을 한다.

② 몸 안의 주요 기관을 보호한다.

③ 근육의 힘을 빌려 몸을 움직이게 한다.

④ 몸을 지탱하여 일정한 몸의 모양이 되게 한다.

02 다음 설명에 해당하는 우리 몸의 뼈는?

> • 여러 개의 뼈가 좌우로 둥글게 연결되어 큰 공간
>   을 이룬 모양이다.
> • 심장과 폐 등 우리 몸속의 기관을 보호한다.

① 팔뼈   ② 등뼈

③ 갈비뼈   ④ 다리뼈

03 소화 기관에서 ㉠에 해당하는 것은?

기출

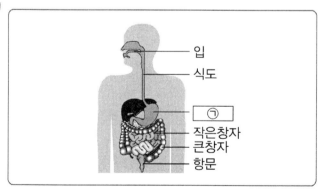

① 간   ② 위

③ 심장   ④ 콩팥

04 소화 기관이 하는 일에 대한 설명으로 옳지 <u>않은</u> 것은?

① 큰창자는 물을 흡수한 후 항문으로 배출한다.

② 식도는 잘게 부서진 음식물의 영양소를 흡수한다.

③ 입은 음식물을 씹어 잘게 부수고, 침이 음식물과 섞이게 한다.

④ 위는 위액이 단백질을 분해하고, 음식물과 함께 들어온 세균을 죽인다.

04
② 잘게 부서진 음식물의 영양소를 흡수하는 것은 작은창자가 하는 일이고, 식도는 입에서 부서진 음식물을 위로 내려 보낸다.

05 다음 설명에 해당하는 것은?

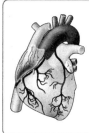

우리 몸에서 펌프 작용을 통하여 혈액을 온몸으로 순환시키는 기관

① 위
② 폐
③ 심장
④ 콩팥

05
심장은 혈액 순환의 중심 기관으로, 펌프 작용을 통해 혈액을 온몸으로 순환시킨다.

06
기출
다음 중 ㉠에서 사용한 감각 기관은?

2021년 ○월 ○○일 맑음
방에서 책을 읽고 있었다. 어머니께서 부르시는 소리를 듣고 나가니 ㉠구수한 냄새가 났다. 식탁 위에는 방금 끓인 된장찌개가 있었다.

① 귀
② 코
③ 혀
④ 피부

06
코는 냄새를 맡을 수 있는 감각 기관이고(후각), 귀는 소리를 듣는 기관이며(청각), 입(혀)은 맛을 보는 기관이다(미각). 손(피부)으로는 여러 가지 물체를 만져 보고 구별할 수 있다(촉각).

A N S W E R
04. ② **05.** ③ **06.** ②

07 그림은 호흡 기관 모형이다. ㉠에 해당하는 우리 몸의
기출 신체 기관은?

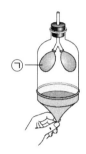

① 간
② 폐
③ 방관
④ 소장

07
숨을 들이마실 때 공기는 코 → 기관 → 기관지 → 폐로 이동한다. ㉠은 폐에 해당한다.

08 다음 대화 내용에 해당하는 우리 몸속 기관은?
기출

가슴 부분에 있어.

기관지와 연결되어 있어.

공기가 드나드는 호흡 기관이야.

① 위
② 폐
③ 방광
④ 이자

08
폐는 가슴 속 좌우에 한 쌍이 있는데, 갈비뼈와 횡격막으로 둘러싸여 있다. 공기 중의 산소를 흡수하고, 몸에서 생긴 이산화 탄소를 폐포로 배출하여 몸 밖으로 내보내는 역할을 한다.

09 다음 중 숨을 내쉴 때, 몸에서 일어나는 변화로 옳은 것은?

① 배가 나온다.
② 어깨가 위로 올라간다.
③ 갈비뼈가 위로 올라간다.
④ 몸속으로 공기가 들어온다.

09
②·③·④는 숨을 들이마실 때 일어나는 변화이다.

ANSWER
07. ② **08.** ② **09.** ①

10 다음 중 땀샘이 하는 일은?

① 소화　　　　　　② 흡수

③ 체온 조절　　　　④ 혈액 공급

10
땀샘이 하는 일 : 체온 조절, 찌꺼기 배출

11 우리 몸의 감각 기관에 해당하지 <u>않는</u> 것은?

① 눈　　　　　　　② 코

③ 피부　　　　　　④ 머리카락

11
감각 기관 : 귀, 코, 눈, 입(혀), 손(피부)

12 운동을 한 후에 몸에서 일어나는 현상과 거리가 먼 것은?

① 숨이 찬다.

② 갈증이 난다.

③ 호흡이 느려진다.

④ 심장 박동이 빨라진다.

12
운동할 때 우리 몸에 필요한 산소를 더 많이, 더 빨리 공급하기 위해서는 폐가 활발하게 움직여야 하므로 호흡이 빨라진다.

ANSWER
10. ③　11. ④　12. ③

05 생태계의 구조와 기능

(1) 생태계 중요⁺

① 생물 요소와 비생물 요소

ㄱ 생물 요소 : 식물, 동물, 곰팡이, 사람 등

ㄴ 비생물 요소 : 햇빛, 공기, 물, 흙 등

② 생산자, 소비자, 분해자

→ 생물 요소는 생물이 양분을 얻는 방법에 따라 생산자, 소비자, 분해자로 구분할 수 있음

ㄱ 생산자 : 살아가는 데 필요한 양분을 스스로 만드는 식물

ㄴ 소비자 : 스스로 양분을 만들지 못하고 다른 생물을 먹이로 하여 살아가는 동물

ⓐ 1차 소비자 : 식물을 먹이로 하는 동물

ⓑ 2차 소비자 : 1차 소비자를 먹이로 하는 동물

ⓒ 최종 소비자 : 마지막 소비자

ㄷ 분해자 : 죽은 생물을 분해하여 다른 생물이 이용할 수 있게 해 주는 생물

③ 생태계 : 어떤 장소에서 살아가는 모든 생물 요소와 비생물 요소가 상호 작용하는 곳

(2) 생태계에서 생물끼리의 상호 작용 중요⁺

① 먹이 사슬, 먹이 그물, 먹이 피라미드

ㄱ 먹이 사슬 : 생물 사이의 먹고 먹히는 관계가 마치 사슬처럼 연결되어 있는 것

例 벼 → 메뚜기 → 개구리 → 뱀 → 매

ㄴ 먹이 그물 : 여러 개의 먹이 사슬이 서로 얽혀서 그물처럼 보이는 것

ㄷ 먹이 피라미드 : 먹이 사슬의 단계에 따라 생물의 수 또는 양을 표시하면 단계가 올라갈수록 작아지는 피라미드 모양

② 생태계의 평형

　　㉠ 생태계의 평형 : 어떤 지역에서 생물의 종류와 수가 먹고 먹히는 관계를 통하여 일정하게 유지되는 것

　　㉡ 먹이 피라미드의 한 단계를 이루는 어떤 생물이 크게 늘어나거나 줄어들면 생태계의 평형이 깨지게 되는데, 천재지변이나 인간의 무분별한 개발이 원인이 된다.

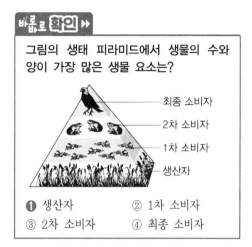

바로바로 확인 ▶▶

그림의 생태 피라미드에서 생물의 수와 양이 가장 많은 생물 요소는?

　　최종 소비자
　　2차 소비자
　　1차 소비자
　　생산자

❶ 생산자　　② 1차 소비자
③ 2차 소비자　　④ 최종 소비자

(3) 생물의 생활에 영향을 주는 비생물 요소

① 햇빛 : 생산자인 식물은 햇빛을 이용하여 양분을 만들고, 다른 모든 생물은 식물이 생산한 양분을 얻으며 살아간다.

② 물 : 비가 거의 오지 않는 건조한 사막에 비해 비가 많이 오는 열대림에는 훨씬 다양한 생물이 살고 있다.

③ 온도 : 지역이나 계절에 따라 다르고, 대부분의 생물은 아주 덥거나 추운 곳에서는 살지 못한다.

④ 공기 : 생물이 숨을 쉴 수 있게 한다.

⑤ 흙 : 생물이 살아가는 장소와 식물이 자랄 수 있는 양분을 제공한다.

(4) 생물이 환경에 적응하면서 살아가는 방법

① 적응

　　㉠ 적응 : 생물이 환경에 맞추어 살아가는 현상

　　㉡ 추운 환경에 적응하기 위해 식물은 겨울눈으로 겨울을 나고, 개구리나 박쥐 등의 동물은 겨울잠을 자기도 한다.

　　㉢ 곤충은 포식자를 피하기 위해 주위 환경과 비슷한 색과 모양을 나타내거나, 다른 동물과 닮은 모양으로 적응하여 살아가고 있다.

② 서로 다른 환경에서 살아가는 생물의 특징 비교

밝은 곳에 사는 식물과 그늘진 곳에 사는 식물	• 밝은 곳에 사는 식물 : 잎의 가장자리가 뾰족하고 색이 진하며, 두께가 두꺼움 • 그늘진 곳에 사는 식물 : 잎의 가장자리가 둥글고 색이 연하며, 두께가 얇음
올빼미와 비둘기	어두울 때 주로 활동하는 올빼미는 어둠 속에서 움직이기 알맞도록 주로 낮에 활동하는 비둘기보다 눈이 크고 잘 발달되어 있음
사막여우와 북극여우	• 사막여우 : 몸이 마른 편이고, 더운 사막에 적응해서 열을 잘 방출하기 위해 귀가 크며 털이 짧음 • 북극여우 : 몸이 크고 지방이 많으며, 추운 북극에 적응해서 열을 잘 방출하지 않기 위해 귀가 작고 털이 깊
선인장과 열대림의 식물	• 선인장 : 건조한 지역에서 살아갈 수 있도록 많은 물을 저장하기 위해 줄기가 두껍고, 물의 증발을 막기 위해 잎이 가시로 변해 있음 • 열대림의 식물 : 잎이 넓음

여러 가지 생물이 겨울을 나는 방법

1. **겨울눈** : 식물은 여름부터 가을까지 겨울눈이 생겨 겨울을 난다.
2. **겨울잠** : 개구리, 두꺼비, 뱀, 도마뱀, 박쥐, 곰, 미꾸라지, 개구리 등
3. **알이나 번데기** : 사마귀, 메뚜기, 귀뚜라미, 호랑나비, 쐐기나방, 배추흰나비 등
4. **털갈이** : 개, 고양이, 토끼, 닭, 사슴, 소, 청설모 등

(5) 환경오염이 생물에 미치는 영향

① 도로를 만들거나 건물을 짓기 위해 많은 땅과 자원을 이용하기 때문에 그곳에 살고 있던 생물들이 서식 공간을 잃게 된다.

② 공장에서 물건을 만들고, 농작물을 재배하기 위해 다양한 화학 물질과 화학 비료, 농약을 사용하여 토양이나 물을 오염시켜 생태계의 평형을 깨뜨리게 된다.

③ 자동차의 배기가스나 공장의 매연에 의해 공기가 오염되면 산성비가 내리게 되어 토양과 물이 산성화되어 생물이 잘 살지 못한다.

(6) 생태계 보전을 위한 노력

① 동물을 보호하기 위해 사냥과 낚시를 제한한다.

② 국립공원을 지정하거나 생태 공원을 만들어서 자연을 보호한다.

③ 자연 자원의 사용을 줄이고, 생활용품을 재활용하여 사용한다.

01

다음 현상에 공통으로 영향을 끼치는 비생물 요소는?

기출

- 철새가 따뜻한 곳으로 이동한다.
- 식물의 잎에 단풍이 들거나 낙엽이 진다.

① 흙　　　　　　② 온도
③ 지진　　　　　④ 홍수

01

생태계는 식물, 동물, 곰팡이, 사람 등의 생물 요소와 햇빛, 온도, 공기, 물, 흙 등의 비생물 요소로 구성된다. 위의 현상에 공통으로 영향을 끼치는 비생물 요소는 온도이다.

02

살아가는 데 필요한 양분을 스스로 만드는 생물은?

① 생태계　　　　② 분해자
③ 생산자　　　　④ 소비자

02

생물 요소는 양분을 얻는 방법에 따라 생산자, 소비자, 분해자로 구분할 수 있다.
- 생산자 : 살아가는 데 필요한 양분을 스스로 만드는 식물
- 소비자 : 스스로 양분을 만들지 못하고, 다른 생물을 먹이로 하여 살아가는 동물
- 분해자 : 죽은 생물을 분해하여 다른 생물이 이용할 수 있게 해 주는 생물

03

다음 설명에 해당하는 생물은?

기출

- 다른 동물을 먹이로 한다.
- 생태계의 구성 요소 중 소비자에 해당한다.

① 뱀　　　　　　② 배추
③ 민들레　　　　④ 소나무

03

소비자는 스스로 양분을 만들지 못하고 다른 생물을 먹이로 살아가는 동물을 말한다. 뱀은 토끼나 쥐 등 다른 동물을 먹이로 하여 살아간다.

ANSWER
01. ②　**02.** ③　**03.** ①

04 다음 설명에 해당하는 것은?

메뚜기는 벼를 먹고 개구리는 메뚜기를 먹는 사슬처럼 연결된 관계이다.

① 분해자　　　　　　② 먹이 사슬

③ 환경오염　　　　　④ 비생물 요소

05 건조한 사막과 같은 환경에 적합한 식물은?

① 선인장　　　　　　② 부레옥잠

③ 아카시아　　　　　④ 은행나무

06 환경을 보존하기 위한 노력으로 옳지 않은 것은?

① 국립공원을 지정한다.

② 사냥과 낚시를 제한한다.

③ 생활용품을 재활용하여 사용한다.

④ 가까운 거리도 걷는 대신 자동차를 이용한다.

06 생물과 우리 생활

(1) 균류 중요⁺

① **균류** : 버섯, 곰팡이와 같이 스스로 양분을 만들지 못하여 동물이나 식물, 썩는 물질에서 양분을 얻어 살아가는 생물

② **버섯과 곰팡이의 특징**

㉠ 줄기와 잎과 같은 모양이 없고, 꽃이 피거나 열매를 맺지 않는다.

㉡ 광합성을 하지 못하기 때문에 스스로 양분을 만들지 못한다.

㉢ 죽은 생물이나 다른 생물에서 양분을 얻는다.

㉣ 가늘고 긴 균사로 이루어져 있으며 포자로 번식한다.

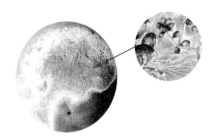

[버섯]   [곰팡이]

③ **버섯과 곰팡이가 사는 환경**

㉠ 버섯 : 따뜻한 때에 비가 온 뒤의 썩은 나무 밑동의 축축한 곳

㉡ 곰팡이 : 따뜻한 때에 축축하거나 그늘진 곳

> **바로로 확인**▸▸
>
> 다음 설명에 해당하는 생물은?
>
> • 꽃이 피지 않는다.
> • 따뜻하고 축축한 곳에서 잘 자란다.
>
> ① 토끼풀   ② 옥수수
> ③ 강낭콩   ❹ 곰팡이

(2) 원생생물

① **원생생물**

㉠ 해캄과 짚신벌레가 있으며, 생김새가 단순한 생물이다.

㉡ 물에 사는 다양한 원생생물로는 아메바, 장구말, 반달말, 장구말 등이 있다.

② 해캄과 짚신벌레의 특징

구분	해캄	짚신벌레
생김새	초록색의 가늘고 긴 여러 개 줄을 모아 놓은 듯한 머리카락 모양을 하고 있음	맨눈으로 볼 수 없을 정도로 작으며, 회색의 끝이 둥근 원통 모양임
특징	• 광합성을 하여 스스로 양분을 얻음 • 서로 얽혀서 살아감	• 광합성을 하지 못해 다른 생물을 먹고 살아감 • 스스로 헤엄치며 움직임

③ 해캄과 짚신벌레가 사는 환경
　㉠ 해캄 : 논, 늪, 연못 등과 같이 물이 고인 곳
　㉡ 짚신벌레 : 하천, 도랑 등의 물살이 느린 곳

(3) 세균

① 세균의 특징
　㉠ 하나의 세포로 이루어져 있다.
　㉡ 균류나 원생생물보다 크기가 더 작고 생김새가 단순하다.
　㉢ 크기가 매우 작아 맨눈으로 볼 수 없어 현미경으로 관찰이 가능하다.
　㉣ 공 모양, 막대 모양, 나선 모양 등 생김새가 다양하며, 종류가 매우 많다.
　㉤ 스스로 양분을 만들지 못하기 때문에 다양한 곳에서 양분을 얻어 살아간다.

② 세균이 사는 환경
　㉠ 생물의 몸뿐만 아니라 물, 흙, 공기 등 다양한 곳에 산다.
　㉡ 책상이나 컴퓨터 자판 등과 같은 물체에도 산다.
　㉢ 생명력이 강하기 때문에 다른 생물이 살기 어려운 환경에서도 살 수 있다.
　㉣ 살기에 알맞은 조건이 되면 짧은 시간 안에 많은 수로 늘어나기도 한다.

③ 세균이 하는 일

㉠ 우리가 먹는 발효 음식을 만드는 데 도움을 준다.

㉡ 사람과 생물에게 질병을 일으키고, 음식을 상하게도 한다.

㉢ 물질을 작게 분해하여 환경을 유지하는 데 도움을 준다.

(4) 생물이 우리 생활에 미치는 영향

① 이로운 영향

㉠ 세균은 김치와 요구르트 등의 음식을 만드는 데 이용된다.

㉡ 곰팡이와 같은 균류는 치즈, 된장 등의 음식을 만드는 데 이용된다.

㉢ 유산균과 같은 이로운 세균은 해로운 세균으로부터 건강을 지켜준다.

㉣ 균류와 세균은 죽은 생물을 분해하여 지구 환경을 유지하는 데 도움을 준다.

㉤ 원생생물은 다른 생물의 먹이가 되거나, 산소를 만들어 다른 생물이 살아가는 데 도움을 준다.

② 해로운 영향

㉠ 곰팡이와 세균은 질병을 일으킬 수 있다.

㉡ 독버섯과 같은 균류는 잘못 먹으면 생명이 위험하다.

㉢ 곰팡이나 세균 등의 생물은 음식이나 물건을 상하게 한다.

㉣ 원생생물은 적조를 일으켜 다른 생물들이 살기 어렵게 만든다.

(5) 첨단 생명 과학의 활용

① **건강식품** : 영양소가 풍부한 원생생물을 이용해 건강식품을 만드는 데 이용한다.

② **질병 치료** : 푸른곰팡이가 질병의 원인이 되는 세균을 없애는 성질을 활용한다.

③ **생물 농약** : 세균이나 곰팡이가 해충을 없애는 성질을 이용해 생물 농약을 만든다.

④ **플라스틱 제품** : 플라스틱의 원료를 가진 세균을 이용해 플라스틱 제품을 만든다.

⑤ **오염 물질 처리** : 물질을 분해하는 세균의 성질을 이용해 하수처리장을 만든다.

⑥ **음식물 쓰레기 처리** : 바다에 사는 원생생물을 이용하여 음식물 쓰레기를 처리하는 데 활용한다.

01 곰팡이에 대한 설명으로 옳지 <u>않은</u> 것은?

① 포자로 번식한다.

② 물건을 상하게 한다.

③ 스스로 양분을 만든다.

④ 치즈를 만드는 데 도움을 준다.

02 다음 생물들이 살기에 가장 적합한 곳은?

기출

〈벽에 핀 곰팡이〉　　　〈숲 속에서 자라는 버섯〉

① 춥고 마른 곳　　　② 춥고 축축한 곳

③ 따뜻하고 마른 곳　　④ 따뜻하고 축축한 곳

03 다음 설명에 해당하는 생물은?

기출

- 짚신 모양이고 바깥쪽에 가는 털이 있다.
- 논이나 하천과 같이 물이 고인 곳이나 물살이 느린 하천에 산다.

① 버섯　　　　　② 해캄

③ 짚신벌레　　　④ 유글레나

01

③ 광합성을 하지 못하기 때문에 스스로 양분을 만들지 못하여, 죽은 생물이나 다른 생물에서 양분을 얻는다.

02

곰팡이와 버섯은 따뜻하고 축축한 환경에서 잘 자란다.

03

짚신벌레는 회색의 긴 타원 모양이며, 작아서 맨눈으로는 보이지 않고, 광합성을 하지 못해 다른 생물을 먹고 살아간다.

ANSWER

01. ③　02. ④　03. ③

04 다음 설명에 해당하는 것으로 가장 적절한 것은?

> • 크기가 매우 작아 맨눈으로 보기 어렵다.
> • 치아 표면을 썩게 하여 충치를 일으키기도 한다.

① 개미   ② 세균
③ 강아지풀   ④ 개구리밥

04
세균은 하나의 세포로 이루어져 있으면, 맨눈으로 볼 수 없을 정도로 작다. 세균은 음식을 만드는 데 이용되기도 하나, 질병을 일으킬 수 있다.

05 세균이 사는 환경에 대한 설명으로 옳지 <u>않은</u> 것은?

① 생물의 몸에 산다.
② 흙, 공기 등에서는 살지 못한다.
③ 책상, 침대와 같은 물체에도 산다.
④ 짧은 시간 안에 많은 수로 늘어나기도 한다.

05
세균은 생물의 몸뿐만 아니라 물체, 물, 흙, 공기 등 다양한 곳에서 살 수 있다.

06 술, 간장, 된장 등을 만드는 데 이용할 수 있는 생물은?

① 해캄   ② 세균
③ 버섯   ④ 곰팡이

06
술, 간장, 된장과 같은 발효음식을 만들 때에는 누룩곰팡이를 이용한다.

ANSWER

04. ② **05.** ② **06.** ④

07 첨단 생명 과학이 우리 생활에 활용되는 예로 옳지 <u>않은</u> 것은?

① 영양소가 풍부한 원생생물을 이용해 만드는 건강식품

② 세균과 곰팡이가 해충을 없애는 성질을 이용한 생물 농약

③ 푸른곰팡이가 세균을 없애는 성질을 활용한 질병 치료

④ 플라스틱 원료를 가진 원생생물을 이용해 만드는 플라스틱 제품

07

④ 플라스틱의 원료를 가진 세균을 이용해 플라스틱 제품을 만든다.

ANSWER

07. ④

01 다음과 같은 과정을 통틀어 무엇이라 하는가?

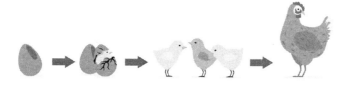

① 부화
② 적응
③ 탈바꿈
④ 한살이

02 다음 중 ㉠에 해당하는 단계를 거치는 곤충은?

> 알 → 애벌레 → (㉠) → 어른벌레

① 나비
② 잠자리
③ 메뚜기
④ 방아깨비

03 다음은 강낭콩 씨앗이 싹트는 과정을 나타낸 것이다. 순서가 바르게 나열된 것은?

> ㉠ 부푼다.
> ㉡ 딱딱하다.
> ㉢ 뿌리가 나온다.
> ㉣ 떡잎 사이로 본잎이 자라 나온다.
> ㉤ 껍질이 벗겨지고, 2장의 떡잎이 나온다.

① ㉠ → ㉢ → ㉤ → ㉣ → ㉡
② ㉡ → ㉠ → ㉢ → ㉤ → ㉣
③ ㉠ → ㉤ → ㉡ → ㉢ → ㉣
④ ㉡ → ㉠ → ㉤ → ㉣ → ㉢

04 들에 사는 식물의 특징과 거리가 먼 것은?

① 열매를 얻는다.

② 한해살이 풀이 많다.

③ 키가 작은 식물이 많다.

④ 아름다운 꽃이 피는 식물이 많다.

04
① 열매를 얻는 것은 숲에 사는 식물의 특징이다.

05 다음 중 꼬투리가 터지면서 씨앗이 퍼지는 식물이 <u>아닌</u> 것은?

① 팥   ② 완두

③ 강낭콩   ④ 소나무

05
씨가 퍼지는 방법
• 바람에 날려서 : 민들레, 소나무, 단풍나무 등
• 꼬투리가 터져서 : 팥, 완두, 강낭콩 등
• 동물에서 먹혀서 : 사과나무, 배나무 등
• 동물의 몸에 붙어서 : 도깨비바늘 등

06 다음 식물이 사는 곳은?

> 물상추, 개구리밥

① 바다   ② 연못

③ 사막   ④ 갯벌

06
물상추, 개구리밥은 연못이나 강가의 물 위에 떠서 사는 식물이다.

A N S W E R
04. ① **05.** ④ **06.** ②

07 다음 설명에 해당하는 것은?

> • 물에 떠서 사는 식물이다.
> • 수염처럼 생긴 뿌리가 물속으로 뻗어 있다.

① 토끼풀   ② 소나무

③ 선인장   ④ 부레옥잠

07
부레옥잠은 물 위에 떠서 사는 식물로 몸의 대부분이 잎으로 이루어져 있고, 잎 모양이 매우 매끈하며, 수염 같은 뿌리가 있다.

08 다음 그림은 뿌리의 어떤 기능을 알아보기 위한 실험인가?

① 저장 작용   ② 지지 작용

③ 흡수 작용   ④ 광합성 작용

08
뿌리를 자른 양파와 뿌리를 그대로 둔 양파를 같은 양의 물이 든 비커에 올려 햇빛이 잘 드는 곳에 2~3일 동안 놓아두면, 뿌리를 자른 양파는 물이 조금 줄어들고, 뿌리를 그대로 둔 양파는 물이 많이 줄어드는 것을 관찰할 수 있다. 이 실험을 통해 식물의 뿌리가 물을 흡수하는 '흡수 작용'을 한다는 것을 알 수 있다.

09 줄기가 하는 일이 <u>아닌</u> 것은?

① 영양분을 합성한다.

② 식물을 지탱해 준다.

③ 식물을 보호해 준다.

④ 물의 이동 통로 역할을 한다.

09
① 영양분을 합성하는 것은 잎에서 하는 일이다.

ANSWER
07. ④   **08.** ③   **09.** ①

10 다음은 꽃의 구조를 나타낸 그림이다. ㉠에 해당하는 것은?

① 암술
② 수술
③ 꽃잎
④ 꽃받침

10
꽃은 암술, 수술, 꽃잎, 꽃받침으로 구성되며, 씨를 만드는 역할을 한다. ㉠은 수술로 수술대와 꽃밥으로 이루어져 있다.

11 다음은 팔의 근육을 나타낸 것이다. 근육의 움직임에 대한 설명으로 옳은 것은?

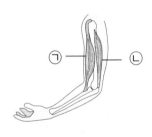

① 팔을 펴면 ㉠이 오므라든다.
② 팔을 펴면 ㉡이 펴진다.
③ 팔을 굽히면 ㉠이 오므라든다.
④ 팔을 굽히면 ㉡이 오므라든다.

11
① 팔을 펴면 ㉠이 펴진다.
② 팔을 펴면 ㉡이 오므라든다.
④ 팔을 굽히면 ㉡이 펴진다.

12 다음 중 혈관에 대한 설명으로 옳지 <u>않은</u> 것은?

① 동맥은 심장에서 나온 혈액이 지나가는 혈관이다.
② 모세혈관은 동맥과 정맥을 연결해 주는 혈관이다.
③ 혈관은 혈액이 흐르는 통로로, 몸 전체에 퍼져 있다.
④ 정맥은 산소가 풍부한 혈액을 심장으로 되돌려 보낸다.

12
④ 정맥은 심장으로 들어가는 혈액이 지나는 혈관으로, 산소가 부족한 혈액을 심장으로 되돌려 보낸다.

ANSWER
10. ② 11. ③ 12. ④

13 숨을 들이마실 때, 공기가 이동하는 과정으로 옳은 것은?

① 코 → 기관 → 기관지 → 폐

② 코 → 기관지 → 기관 → 폐

③ 폐 → 코 → 기관지 → 기관

④ 폐 → 기관지 → 기관 → 코

13

호흡 과정에서의 공기의 이동

• 숨을 들이마실 때 : 코 → 기관 → 기관지 → 폐

• 숨을 내쉴 때 : 폐 → 기관지 → 기관 → 코

14 다음 중 생태계에서 소비자에 해당하지 <u>않는</u> 것은?

① 나무　　　　② 토끼

③ 거미　　　　④ 독수리

14

① 나무는 살아가는 데 필요한 양분을 스스로 만드는 생산자이다.

15 다음 그림에서 메뚜기의 수가 늘어나면 피라미드의 양적인 관계는 어떻게 변하는가?

① 개구리의 수가 줄어들고, 뱀의 수가 늘어난다.

② 개구리의 수가 늘어나고, 뱀의 수가 줄어든다.

③ 풀의 양이 늘어나고, 개구리와 뱀의 수가 늘어난다.

④ 풀의 양이 줄어들고, 개구리와 뱀의 수가 늘어난다.

15

메뚜기의 수가 늘어나면, 메뚜기의 먹이인 풀의 양은 줄어들고, 메뚜기를 먹이로 하는 개구리와 개구리를 먹이로 하는 뱀의 수는 늘어난다.

A N S W E R

13. ①　14. ①　15. ④

16 생태계의 평형을 위한 행동이 <u>아닌</u> 것은?

① 자주 나무를 베어 준다.

② 천연기념물을 보호한다.

③ 공해를 줄이기 위해 노력한다.

④ 물고기를 함부로 잡지 않는다.

16

① 생태계의 평형을 위해서는 나무와 삼림을 보호해야 한다.

17 다음 중 해캄에 대한 설명으로 옳지 <u>않은</u> 것은?

① 물에 사는 원생생물이다.

② 다른 생물을 먹고 살아간다.

③ 작아서 맨눈으로는 보이지 않는다.

④ 초록색의 머리카락 모양을 하고 있다.

17

② 광합성을 하여 스스로 양분을 얻는다.

18 김치의 새콤한 맛을 나게 하거나 나쁜 세균을 없애주는 생물은?

① 옥수수　　　　② 유산균

③ 아메바　　　　④ 원생생물

18

유산균은 김치와 요구르트 등의 음식을 만드는 데 도움을 주고, 해로운 세균으로부터 건강을 지켜주기도 한다.

A N S W E R

16. ①　**17.** ②　**18.** ②

NOTE

Chapter
04

지구와 우주

04 지구와 우주

지구와 우주에서는 모든 단원에서 고르게 출제되고 있습니다. 그중에서도 지층과 화석의 의미, 화산 분출물, 낮과 밤이 생기는 이유, 달의 모양 변화, 태양계 행성의 크기 비교, 계절에 따른 남중 고도의 변화, 지면과 수면의 온도 변화는 자주 출제되는 주제이므로 반드시 익혀 두어야 합니다.

01 지표의 변화

1 흙

(1) 화단 흙과 운동장 흙의 비교

구분	화단 흙	운동장 흙
색깔	어두운 색	밝은색
촉감	부드러움	까끌까끌함
냄새	약간 비릿한 냄새가 남	먼지 냄새가 남
알갱이의 종류	다양함	모래, 아주 작은 돌맹이 등
알갱이의 크기	다양함	화단 흙보다 크고, 알갱이의 크기가 비교적 비슷함

(2) 화단 흙과 운동장 흙의 물 빠짐 비교하기

① 실험 방법

ㄱ 종이컵 2개에 크기가 같은 구멍을 같은 수만큼 뚫는다.

ㄴ 종이컵 바닥에 거즈를 놓는다.

ㄷ 화단 흙과 운동장 흙을 종이컵에 $\frac{1}{2}$씩 채운다.

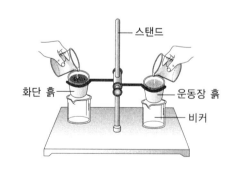

② 같은 양의 물을 각각의 흙에 동시에 천천히 붓는다.

⑩ 어느 흙을 담은 컵에서 물이 더 빨리 빠져나왔는지 관찰한다.

② 실험 결과

㉠ 화단 흙보다 운동장 흙에서 물이 더 빨리, 더 많이 빠져나온다.

→ 화단 흙보다 운동장 흙이 물 빠짐이 좋음

㉡ 화단 흙은 물을 많이 머금고 있어서 식물이 잘 자랄 수 있지만, 운동장 흙은 물이 쉽게 빠지므로 식물이 잘 자랄 수 없다.

(3) 식물이 잘 자랄 수 있는 흙

① 부식물 : 식물의 잔뿌리, 작은 곤충들, 나뭇잎 등이 오랫동안 썩어서 만들어진 것으로, 식물을 잘 자라게 해 준다.

② 화단 흙과 운동장 흙의 부식물의 양

구분	화단 흙	운동장 흙
물을 넣고 유리 막대로 저은 후	물에 뜬 물질이 많음	물에 뜬 물질이 거의 없고 밑에 가라앉은 것이 많음
물 위에 뜬 물질	나뭇가지 일부, 뿌리 일부 등	부러진 단추, 비닐 조각, 말라버린 개미 등

→ 화단 흙에는 운동장 흙보다 식물이 잘 자라는 데 필요한 부식물이 많이 들어 있음

(4) 흙이 만들어지는 과정

① 흙이 만들어지는 과정 : 바위 → 돌 → 모래 → 흙

② 풍화 작용

㉠ 풍화 : 바위와 돌이 잘게 부서지는 것 또는 바위나 돌이 물에 아주 조금씩 녹거나 다른 알갱이로 변화하는 것

㉡ 풍화를 일으키는 원인 : 빗물, 강물, 파도, 바람, 빙하, 식물의 뿌리 등

㉢ 풍화 작용은 아주 오랜 시간에 걸쳐서 서서히 일어난다.

2 변화하는 땅

(1) 지표의 변화

① 지표는 끊임없이 변하고 있다.

② 빠른 변화와 느린 변화

  ㉠ 빠른 변화 : 홍수, 지진, 화산 폭발, 태풍, 해일 등

  ㉡ 느린 변화 : 흐르는 물에 의한 변화

(2) 흐르는 물에 의한 지표의 변화 알아보기

① 실험 방법

  ㉠ 두 유수대에 각각 같은 양의 흙을 넣은 후, 물의 양을 다르게 부었을 때 흙의 모습이 어떻게 달라지는지 관찰한다.

  ㉡ 같은 양의 흙을 담은 두 유수대의 기울기를 다르게 한 후, 같은 양의 물을 부었을 때 흙의 모습이 어떻게 달라지는지 관찰한다.

② 실험 결과

흐르는 물의 양을 다르게 하였을 때		유수대의 기울기를 다르게 하였을 때	
물을 많이 부은 유수대	물을 적게 부은 유수대	기울기가 큰 유수대	기울기가 작은 유수대
• 위쪽의 흙이 깊게 파임 • 씻겨 내려간 흙의 양이 많음	• 위쪽의 흙이 얕게 파임 • 씻겨 내려간 흙의 양이 적음	• 물이 빨리 흐름 • 위쪽의 흙이 깊게 파이고, 씻겨 내려간 흙의 양이 많음	• 물이 천천히 흐름 • 위쪽의 흙이 얕게 파이고, 씻겨 내려간 흙의 양이 적음

→ 흐르는 물의 양이 많을수록, 지면의 기울기가 클수록 위쪽의 흙이 깊게 파이고, 씻겨 내려간 흙의 양이 많음

(3) 강과 강 주변의 모습

① 상류

  ㉠ 강의 폭이 좁고, 강바닥의 경사가 급하다.

ⓛ 물의 양이 적고 흐름이 빨라 흙과 모래를 깎아 낸다(침식 작용).

ⓒ 주변에 폭포, 계곡 등이 있다.

ⓔ 커다란 바위나 모난 모양의 돌이 많이 있다.

② 중류

　　ⓐ 상류보다 강의 폭이 넓고, 강바닥의 경사가 완만하다.

　　ⓛ 상류보다 물의 양이 많고, 천천히 흐르며, 흙과 모래를 운반한다(운반 작용).

　　ⓒ 작고 둥근 자갈이 많고, 상류의 돌보다 크기가 작다.

　　ⓔ 강이 구불구불하게 흐른다.

③ 하류

　　ⓐ 강의 폭이 넓고, 강바닥의 경사가 매우 완만하다.

　　ⓛ 물의 양이 매우 많고, 천천히 흘러 흙과 모래가 쌓인다(퇴적 작용).

　　ⓒ 논, 밭, 마을이 있고, 큰 도시도 있다.

　　ⓔ 고운 모래와 흙이 많다.

> **바름로 확인**
>
> **강의 하류에서 주로 볼 수 있는 모습은?**
> ① 강의 경사가 급하다.
> ② 바위와 돌의 크기가 크다.
> ③ 계곡을 많이 볼 수 있다.
> ❹ 강폭이 넓고, 바다와 만난다.

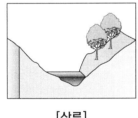

[상류]

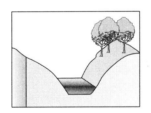

[중류]

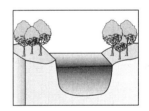

[하류]

(4) 파도에 의한 바닷가의 지형

① 침식 작용으로 만들어진 지형 : 바다 쪽으로 튀어 나온 해안가는 파도나 바닷물에 의해 깎인다. → 해안 절벽, 해식 동굴 등

② 퇴적 작용으로 만들어진 지형 : 육지 쪽으로 들어간 곳에는 흙이나 모래가 퇴적된다. → 모래사장 등

01 식물이 잘 자라는 흙에 대한 설명으로 옳지 <u>않은</u> 것은?

① 어두운 색을 띤다.

② 만졌을 때 부드럽다.

③ 식물 부스러기 등 부식물이 많다.

④ 물 빠짐이 좋아 물을 머금시 않는다.

02 바위나 돌이 잘게 부서져 모래나 흙으로 되는 작용을 무엇이라고 하는가?

① 부식　　　　② 풍화

③ 진화　　　　④ 유수

03 유수대의 기울기가 클 때 흐르는 물의 모습이 <u>아닌</u> 것은?

① 물이 빨리 흐른다.

② 씻겨 내려간 흙의 양이 적다.

③ 주로 유수대 윗부분이 파인다.

④ 기울기를 작게 했을 때보다 지면이 깊게 파인다.

04 강의 상류에 대한 설명으로 옳지 <u>않은</u> 것은?

① 작고 둥근 자갈이 많다.

② 주변에 폭포와 계곡이 있다.

③ 강의 폭의 좁고, 강바닥의 경사가 급하다.

④ 물의 양이 적고, 흐름이 빨라 흙과 모래를 깎아 내린다.

04

① 강의 중류에 대한 설명이다.

05 강의 하류에서 주로 볼 수 있는 돌이나 모래의 모양은?

① 고운 흙   ② 둥근 자갈

③ 커다란 바위   ④ 모난 모양의 돌

05

② 강의 중류

③, ④ 강의 상류

06 다음 중 지표를 가장 느리게 변화시키는 것은?

① 지진   ② 태풍

③ 화산 폭발   ④ 흐르는 물

06

지표의 변화

• 빠른 변화 : 홍수, 지진, 화산 폭발, 태풍, 해일 등

• 느린 변화 : 흐르는 물에 의한 변화

· ·ⓐⓝⓢⓦⓔⓡ· · · · · · · · · · ·

04. ① **05.** ① **06.** ④

02 지층과 화석

1 지층과 암석

(1) 지층과 암석 중요⁺

① **지층** : 암석이 여러 층으로 쌓여 있는 것

② **암석** : 자연의 고체 알갱이들이 모여 단단하게 굳어진 덩어리로, 흔히 '돌'이라 부른다.

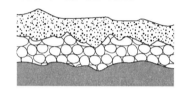

바로로 **확인** ▶▶

다음 설명에 해당하는 것은?

자갈, 모래, 진흙 등으로 이루어진 암석들이 여러 겹의 층을 이루고 있다.

① 해일   ② 지진
❸ 지층   ④ 태풍

(2) 지층의 모양

① 지층의 같은 층에는 크기가 비슷한 알갱이들이 모여 있다.

② 지층에는 나란한 줄무늬 모양의 층리가 있고, 아래에 있는 층이 위에 있는 층보다 먼저 쌓인 것이다.

③ 지층은 아래에서부터 수평하게 쌓인다.

④ 오랜 시간이 지나면서 지구 내부에서 여러 가지 힘을 받아 지층의 모양이 변하기도 한다. 예 기울어진 지층, 수직으로 세워진 지층, 휘어진 지층, 끊어진 지층 등

(3) 퇴적물과 퇴적암

① **퇴적물** : 물이나 바람에 의해 풍화된 암석의 알갱이들이 쌓인 것

② **퇴적암** : 퇴적물이 쌓여서 굳어진 암석

이암	• 진흙이 굳어져서 생긴 암석 • 색깔이 다양하고, 촉감은 부드러우며, 작은 충격에도 잘 부서짐
셰일	• 이암 중에서 얇은 층리가 관찰되는 암석 • 암석 망치로 깨뜨리면 얇게 잘 쪼개짐
사암	• 알갱이의 크기가 진흙보다 더 큰 모래로 이루어진 암석 • 색깔이 다양하고, 촉감은 까칠까칠하며, 층리가 거의 없음

역암	• 모래보다 알갱이가 더 굵은 자갈로 이루어진 암석 • 색깔이 다양하고, 촉감은 거칠며, 자갈이 드러난 모양이 울퉁불퉁함
석회암	• 물속에 사는 동물의 뼈나 조개, 소라의 껍데기 등이 쌓여서 만들어진 암석 • 묽은 염산을 떨어뜨리면 거품이 남

2 화석

(1) 화석 중요⁺

① 화석 : 과거에 살았던 생물의 몸체나 흔적이 암석이나 지층 속에 남아 있는 것

② 화석을 통해 알 수 있는 점

㉠ 과거에 살았던 다양한 생물의 모습

㉡ 오늘날에 살고 있는 생물과 비교해 동물인지 식물인지 구별할 수 있다.

㉢ 당시 그 지역의 환경

산호 화석이 발견된 곳	그 지역은 과거에 따뜻하고, 얕은 바다였음을 알 수 있음
고사리 화석이 발견된 곳	그 지역은 과거에 따뜻하고, 습한 기후였음을 알 수 있음

③ 돌로 변하지 않았더라도 약 1만 년 이전에 살았던 생물의 몸체나 흔적이 남아 있는 것을 모두 화석이라고 한다. 예 호박 속의 곤충 화석, 얼음 속에서 발굴된 매머드 화석

바로 확인 ▶▶

다음 중 화석이 <u>아닌</u> 것은?

① 나뭇잎 화석
② 물고기 화석
③ 공룡알 화석
❹ 고인돌

④ 화석이 아닌 것 : 고인돌, 모래에 난 발자국, 유물이나 옛것이 아닌 것

(2) 동물 화석과 식물 화석

① 동물 화석 : 오늘날에 살고 있는 동물과 비슷한 화석 예 물고기, 삼엽충 등

② 식물 화석 : 오늘날에 살고 있는 식물과 비슷한 화석 예 고사리, 단풍나무 잎 등

③ 오늘날에 살고 있는 생물과 비교해 동물 화석과 식물 화석을 구분할 수 있다.

(3) 화석의 조건과 생성 과정

① 화석의 조건

㉠ 생물이 가능한 한 빨리 퇴적물 속에 묻혀야 한다.

㉡ 잘 썩지 않고, 생물체에 단단한 부분이 있어야 한다.

② 삼엽충 화석의 생성 과정

㉠ 바다에 살던 삼엽충이 죽어 바닥에 가라앉는다.

㉡ 죽은 삼엽충 위로 퇴적물이 계속 쌓여 오랜 시간이 지나면 삼엽충의 몸체가 화석으로 변한다.

㉢ 지각 변동으로 인해 퇴적층이 땅 위로 올라온 후 침식 작용에 의해 지층이 깎이면서 화석이 드러나고 화석이 발견된다.

→ 삼엽충 화석이 나온 지층은 아주 오랜 옛날에는 바다였다는 것을 알 수 있음

(4) 화석의 이용

① 화석 연료

㉠ 연료로 사용하는 석탄이나 석유는 과거의 생물에서 유래된 것으로, 화석 연료라고 부른다.

㉡ 석탄이나 석유는 특정한 지층에서만 발견되는데, 여기에는 특정한 화석이 포함되는 경우가 많다.

② 땅속에 있는 지층이 쌓인 순서를 알 수 있다.

→ 지층이 만들어진 순서와 화석이 만들어진 순서가 같음

③ 멀리 떨어져 있는 지층을 서로 비교할 수 있다.

→ 멀리 떨어진 두 지층에서 같은 화석이 나오면 그 지층은 같은 시대에 쌓인 지층임

실전 예상 문제

01 자연의 고체 알갱이들이 모여 단단하게 굳어진 덩어리가 여러 층으로 쌓여 있는 것을 무엇이라고 하는가?

① 암석　　　　　② 화석
③ 지층　　　　　④ 화산

02 다음 그림에서 가장 먼저 만들어진 지층은?
기출

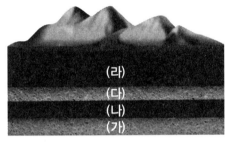

(라)
(다)
(나)
(가)

① (가)　　　　　② (나)
③ (다)　　　　　④ (라)

03 다음 중 퇴적암이 <u>아닌</u> 것은?

① 사암　　　　　② 역암
③ 현무암　　　　④ 석회암

04 다음 설명에 해당하는 것은?
기출

> • 암석이나 지층 속에서 발견된다.
> • 과거에 살았던 생물의 몸체나 흔적이다.

① 비　　　　　② 지진
③ 화석　　　　④ 해일

01
지층 : 암석이 여러 층으로 쌓여 있는 것

02
지층은 아래에서부터 수평하게 쌓이므로 아래에 있는 층이 위에 있는 층보다 먼저 쌓인 것이다.

03
퇴적암은 퇴적물이 쌓여서 굳어진 암석으로 이암, 셰일, 사암, 역암, 석회암 등이 있다.

04
화석은 과거에 살았던 생물의 몸체나 흔적이 암석이나 지층 속에 남아 있는 것이다.

ANSWER
01. ③　**02.** ①　**03.** ③　**04.** ③

05 다음 중 화석이 되기 쉬운 것은?

① 힘이 센 생물

② 잘 썩는 생물

③ 크기가 큰 생물

④ 단단한 부분이 있는 생물

06 다음 대화에서 설명하고 있는 화석은?

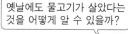
옛날에도 물고기가 살았다는 것을 어떻게 알 수 있을까? 화석에 남아 있는 물고기 모양을 통해서 알 수 있어.

①
고사리 화석

②
공룡알 화석

③
나뭇잎 화석

④
물고기 화석

07 어떤 지역에서 삼엽충 화석이 발견되었을 때, 과거에 이 지역의 자연환경으로 적절한 것은?

① 사막　　　　　　② 바다

③ 초원　　　　　　④ 높은 산

07

② 삼엽충 화석이 나온 지층은 아주 오랜 옛날에는 바다였다는 것을 알 수 있다.

08 아래 지층 그림에서 화석이 만들어진 순서로 옳은 것은?

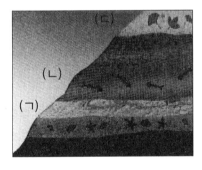

① (ㄱ) → (ㄴ) → (ㄷ)

② (ㄱ) → (ㄷ) → (ㄴ)

③ (ㄴ) → (ㄱ) → (ㄷ)

④ (ㄷ) → (ㄱ) → (ㄴ)

08

지층이 만들어진 순서와 화석이 만들어진 순서는 같다.

ANSWER

07. ②　08. ①

03 화산과 지진

1 화산

(1) 화산의 특징

① 화산 : 땅속 깊은 곳에서 암석이 열에 의하여 녹은 마그마가 분출하여 생긴 지형

② 화산의 모양

ㄱ 산방산 : 끈적거림이 많은 용암이 흘러서 만들어진 화산으로, 종을 엎어 놓은 것처럼 경사가 급하다.

ㄴ 한라산 : 끈적거림이 적은 용암이 멀리까지 흘러서 만들어진 화산으로, 방패를 엎어 놓은 것처럼 경사가 완만하다.

→ 끈적거림이 많은 용암일수록 잘 흘러내리지 않아 경사가 급한 화산을 만듦

ㄷ 산꼭대기에 호수가 있는 화산 : 분화구에 물이 고여 호수가 생기기도 한다.

예 백두산(천지), 한라산(백록담)

더 알아두기

마그마와 용암

1. **마그마** : 땅속 깊은 곳에 암석 등이 액체 상태로 녹아 있는 물질로, 가스 성분이 포함되어 있다.

2. **용암** : 마그마가 지표면을 뚫고 나와 흐르는 것으로, 마그마에서 가스 성분이 빠져나간 것이다.

---

(2) 화산이 분출할 때 나오는 물질

① 기체 : 화산 가스

→ 대부분이 수증기, 이산화황 등

② 액체 : 용암

③ 고체 : 화산재, 화산 암석 조각

바로바로 확인 ▶▶

다음 화산 분출물 중 기체 상태인 것은?

① 용암   ② 화산재
❸ 화산 가스   ④ 화산 암석 조각

---

(3) 화산 활동에 의해 만들어진 암석

구분	화강암	현무암
생성 과정	지하 깊은 곳에서 마그마가 서서히 굳어져서 만들어짐	지표 가까이에서 용암이 빠르게 굳어져서 만들어짐
색깔	밝은색(회색)	어두운색(검은색)
촉감	거칠거칠함	거칠거칠함
알갱이의 크기	크기가 큼	눈으로 구별하기 어려울 정도로 매우 작음
겉모양	밝은색 바탕에 검은 알갱이가 보이며, 알갱이가 반짝거림	겉표면에 크고 작은 구멍이 많이 뚫려 있음

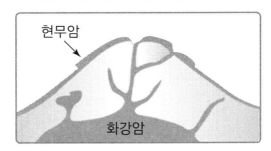

(4) 화산 활동이 우리 생활에 미치는 영향

① 화산 활동이 주는 이로운 점

ㄱ 화산 활동으로 만들어진 특이한 지형은 관광지로 이용된다.

ㄴ 땅속의 높은 열은 온천이나 지열 발전에 이용된다.

② 화산 활동이 우리에게 주는 피해

ㄱ 화산 활동으로 생긴 많은 분출물이 마을을 뒤덮어 사람들을 위협한다.

ㄴ 지진이나 산불을 발생시켜 피해를 준다.

2 지진

(1) 지진이 일어나는 원인

① **지진** : 지층이 끊어지면서 땅이 흔들리는 현상

② **지진이 일어나는 원인** : 지층이 오랜 시간 지구 내부에서 생기는 커다란 힘을 받았기 때문이다.

③ **습곡** : 지층이 휘어지는 것

④ **단층** : 지층이 끊어져서 이동한 것

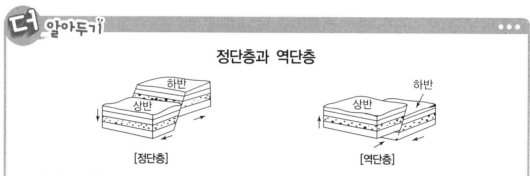

정단층과 역단층

1. **정단층** : 지층의 양쪽에 수평 방향의 끌어당기는 힘이 작용하여 경사면의 상반층이 끌려 내려가며 생긴 단층
2. **역단층** : 지층의 양쪽에 수평 방향으로 미는 힘이 작용하여 경사면의 상반층이 밀려 올라가며 생긴 단층

(2) 지진의 세기를 나타내는 방법

① **규모** : 지진의 세기를 나타내며, 숫자가 클수록 강한 지진이다.

② 규모의 숫자는 소수 첫째 자리까지 나타낸다. **예** 규모 4.0

③ **지진의 규모에 따른 피해 정도** : 같은 규모의 지진이라도 지진이 발생한 곳에서 가까운 지역과 멀리 떨어진 지역의 피해 정도가 다르다.

(3) 지진대와 화산대

① **지진대** : 지진이 자주 발생하는 지역

② 화산대 : 화산이 자주 발생하는 지역

③ 지진대와 화산대는 일치한다. → 지진과 화산 활동 모두 힘이 집중되는 곳에서 발생하기 때문에

(4) 지진의 피해를 줄이기 위한 행동 중요⁺

① 지진이 발생했을 때 해야 할 일

　㉠ 공공장소에서는 침착하게 안내원의 지시에 따른다.

　㉡ 승강기에 타고 있을 때는 바로 내린다.

　㉢ 자동차를 타고 있을 때는 도로 오른쪽에 자동차를 세우고 대피한다.

　㉣ 휴대용 라디오나 텔레비전 등을 통해 올바른 정보를 파악한다.

　㉤ 전열기나 가스레인지를 끄고, 전원을 차단한다.

　㉥ 소지품으로 머리를 보호한다.

　㉦ 당황하여 집 밖으로 나가면 더 위험하므로 안전한 장소로 대피한다.

　㉧ 낙하물이 있는 곳으로부터 멀리 몸을 피한다.

② 지진이 발생한 후에 해야 할 일

　㉠ 서로 다친 곳은 없는지 살펴본다.

　㉡ 지진 대피 방송을 들으면서 상황을 지켜본다.

바로바로 확인 ▸▸

지진이 발생하였을 때 행동 요령으로 옳지 않은 것은?

① 소지품으로 머리를 보호한다.

② 가까이 있는 안전한 곳으로 빨리 대피한다.

❸ 승강기를 이용하여 빠르게 1층으로 내려간다.

④ 라디오, 스마트폰 등으로 올바른 정보를 파악한다.

01 다음 화산 분출물 중 액체 상태인 것은?

기출　① 용암　　　　　② 화산재

③ 화산 가스　　　④ 화산 암석 조각

02 화산이 분출할 때 나오는 기체 중 대부분을 차지하는 것은?

① 질소　　　　　② 수증기

③ 염화수소　　　④ 이산화 탄소

03 산방산의 경사가 급한 이유로 옳은 것은?

① 용암이 분출되자마자 굳어서

② 용암이 흐른 후에 화산재가 쌓여서

③ 끈적거림이 적은 용암이 흘러내려서

④ 끈적거림이 많은 용암이 흘러내려서

04 다음 중 화강암에 대한 설명으로 옳지 <u>않은</u> 것은?

① 밝은색을 띤다.

② 촉감이 거칠거칠하다.

③ 알갱이가 반짝거린다.

④ 알갱이의 크기가 작다.

05 다음 설명에 해당하는 암석은?

기출

- 제주도에서 많이 볼 수 있다.
- 마그마가 땅 위로 분출하거나 지표 부근에서 빠르게 식어서 만들어진다.

① 역암   ② 이암
③ 석회암   ④ 현무암

05

현무암은 지표 가까이에서 용암이 빠르게 굳어져서 만들어진 암석으로 표면에 크고 작은 구멍이 뚫려 있다. 우리나라의 경우 화산 활동으로 만들어진 제주도에 많이 분포한다.

06 다음 중 화산 지역을 개발하려고 할 때, 적절하지 <u>않은</u> 것은?

① 온천   ② 지열 발전
③ 관광 휴양지   ④ 공업단지 개발

06

화산 활동으로 만들어진 특이한 지형은 관광지로 이용되고, 땅속의 높은 열은 온천이나 지열 발전에 이용된다.

07 지층이 끊어지면서 그 충격으로 땅이 흔들리는 현상을 무엇이라고 하는가?

① 홍수   ② 해일
③ 지진   ④ 화산 폭발

07

지진 : 지층이 오랜 시간 지구 내부에서 생기는 커다란 힘을 받아 지층이 끊어지면서 땅이 흔들리는 현상

----- A N S W E R -----

05. ④   **06.** ④   **07.** ③

08 다음 그림과 같이 땅속 내부에서 작용하는 힘에 의해 끊어져 서로 어긋나게 된 지층은?

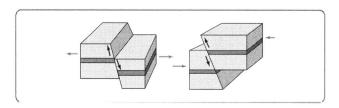

① 지표
② 단층
③ 습곡
④ 화산

09 지진의 규모에 대한 설명으로 옳지 <u>않은</u> 것은?

① 지진의 세기를 나타내는 방법이다.
② 규모의 숫자가 클수록 강한 지진이다.
③ 규모의 숫자는 소수 둘째 자리까지 나타낸다.
④ 같은 규모의 지진이라도 지진이 발생한 곳에서 가까운 지역과 멀리 떨어진 지역의 피해 정도가 다르다.

10 다음 중 지진 발생 시 대처 방법으로 적절한 것은?

기출

① 교실 안에 있을 경우 책상 위로 올라간다.
② 건물 밖에 있을 경우 벽 주변으로 이동한다.
③ 건물의 승강기 대신 계단을 이용해 대피한다.
④ 운동장에 있을 경우 재빨리 교실로 대피한다.

08
• 단층 : 지층이 끊어져서 이동한 것
• 습곡 : 지층이 휘어지는 것

09
③ 규모의 숫자는 소수 첫째 자리까지 나타낸다.

10
지진 발생 시 대처 방법
• 실내에 있을 경우 책상 아래로 피해 머리를 보호한다.
• 건물 벽 등 무너질 수 있는 구조물로부터 피해야 한다.
• 승강기에 타고 있을 때는 바로 내린다.
• 낙하물이 없는 빈 공터 등으로 대피한다.

ANSWER
08. ② **09.** ③ **10.** ③

04 지구와 달

(1) 지구의 모양

① 실험 방법

㉠ 배가 항구에서 먼 바다로 나가는 모습을 관찰하고, 배가 항구로부터 멀어지면서 모습이 어떻게 달라졌는지 관찰해 본다.

㉡ 농구공과 책상 위에 종이배를 각각 올려놓고, 종이배를 천천히 밀거나 당기면서 달라지는 종이배의 모습을 관찰해 본다.

② 실험 결과

㉠ 배가 항구로부터 멀어지면서 크기가 점점 작아지고, 배의 아랫부분부터 사라진다.

→ 지구가 둥글기 때문에 한번에 사라지지 않고 서서히 사라짐

㉡ 농구공과 책상 위에 종이배를 올려놓고, 천천히 밀거나 당겼을 때 종이배의 모습

구분	종이배를 밀었을 때	종이배를 당겼을 때
농구공 위	종이배의 아랫부분이 먼저 사라지고, 윗부분은 마지막에 사라짐	종이배의 윗부분부터 나타나고, 아랫부분은 나중에 나타남
책상 위	종이배가 책상에서 멀어지다가 책상 끝으로 가면 갑자기 사라짐	종이배 전체의 모습이 갑자기 보임

→ 농구공은 둥글고, 책상은 편평하기 때문에 종이배의 움직이는 모습이 서로 다르게 보임

㉢ 항구에서의 배의 모습과 농구공 위에서의 종이배의 모습이 같으므로 지구는 둥근 모양이다.

지구가 둥글다는 증거

1. 인공위성으로 찍은 지구의 사진이 둥근 모양이다.
2. 월식 때 달에 비친 지구의 그림자가 둥글다.
3. 동쪽으로 갈수록 해가 빨리 뜬다.

(2) 달의 모습

① 전체 모양은 둥글고, 달의 지름은 지구 지름의 $\frac{1}{4}$이다.

② 표면

⊙ 크고 작은 운석 구덩이들이 많다.

⊙ 큰 바위와 깊은 계곡, 바다처럼 깊고 넓은 곳도 있고, 산처럼 높이 솟은 곳도 있다.

③ 달의 모습과 지구 모습의 비슷한 점과 다른 점

구분	달	지구
비슷한 점	모양이 둥글고, 표면에 돌과 흙이 있음	
다른 점	• 회색빛을 띰 • 물이 있는 바다가 없음	• 푸른빛을 띰 • 물이 있는 바다가 있음

(3) 지구에 생물이 살 수 있는 이유

① 지구에서 생물들이 살아가는 데 꼭 필요한 것 : 물, 공기, 알맞은 온도, 음식(영양분), 햇빛 등

② 달과 비교하여 지구에 생물이 살 수 있는 이유 : 지구는 물과 공기가 있고, 온도가 알맞아 다양한 생물이 살 수 있는 환경을 갖추고 있다.

③ 지구와 비교하여 달에서 생물이 살 수 없는 이유 : 달에는 물과 공기가 거의 없으며, 낮에는 매우 뜨겁고 밤에는 매우 춥기 때문에 생물이 살기 힘든 환경이다.

④ 달에서 우주복을 입어야 하는 이유 : 달의 매우 높고 낮은 온도로부터 몸을 보호해 주어야 하고, 달에는 물과 공기가 거의 없어 달을 탐사하는 우주인들은 물과 공기를 공급해 주는 장치가 달린 우주복을 입어야 한다.

(4) 낮과 밤이 생기는 이유 중요⁺

① 낮과 밤이 생기는 이유 알아보기

⊙ 지구본에 전등을 비추었을 때 : 밝은 부분은 낮인 지역이고, 어두운 부분은 밤인 지역이다.

⊙ 전등을 비춘 지구본을 돌렸을 때와 돌리지 않았을 때

ⓐ 지구본을 돌렸을 때 : 낮이었던 지역은 밤으로 바뀌고, 밤이었던 지역은 낮으로 바뀐다.

ⓑ 지구본을 돌리지 않았을 때 : 낮이었던 지역은 계속 낮이고, 밤이었던 지역은 계속 밤이다. → 지구가 회전하면서 낮과 밤이 생김

② 지구의 자전

㉠ 지구의 자전 : 지구가 한 축을 중심으로 하루에 한 바퀴씩 서쪽에서 동쪽으로 (반시계 방향) 스스로 도는 것

㉡ 지구가 한 바퀴 자전하는 데는 약 24시간이 걸린다.

㉢ 태양 빛을 받는 지역은 낮이 되고, 태양 빛을 받지 못하는 지역은 밤이 된다.

③ 지구의 자전으로 나타나는 현상

㉠ 한 지역에서 낮과 밤이 규칙적으로 변하게 된다.

㉡ 태양이 동쪽에서 떠서 서쪽으로(시계 방향) 지는 것처럼 보인다.

㉢ 달이나 별들이 동쪽에서 떠서 서쪽으로 지는 것처럼 보인다.

> **바로바로 확인 ▶▶**
>
> **다음 중 지구가 자전하여 나타나는 현상은?**
> ① 사계절이 생긴다.
> ❷ 낮과 밤이 생긴다.
> ③ 바닷가에서 수평선이 보인다.
> ④ 계절에 따라 낮의 길이가 달라진다.

(5) 하루 동안 달의 이동 방향

① 하루 동안 달의 위치 변화 관찰하기

㉠ 음력 8일 여러 시간 동안 달을 관찰하면, 오후 6시경 달이 남쪽 하늘에서 보이다가 점차 남쪽 하늘에서 서쪽 하늘로 움직이는 것처럼 보인다.

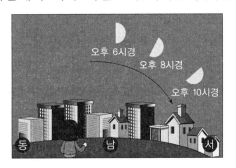

ⓛ 음력 15일에 저녁 6시부터 1시간 간격으로 달을 관찰하면, 저녁 6시에는 동쪽 하늘에서 보이다가 밤 12시에는 남쪽 하늘에서, 아침 6시에는 서쪽 하늘에서 보인다.

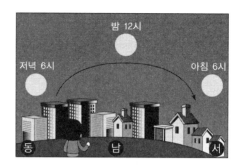

② 하루 동안 달의 이동 방향

ⓗ 하루 동안 달도 태양과 같이 동쪽에서 서쪽으로 움직이는 것처럼 보인다.

ⓛ 하루 동안 달이 움직이는 것처럼 보이는 이유 : 지구가 서쪽에서 동쪽(반시계 방향)으로 자전하기 때문이다.

[지구의 자전]

(6) 달의 모양과 위치 변화 중요⁺

① 달의 모양과 위치 변화 관찰하기

날짜	음력 3일	음력 8일	음력 15일
달의 모양	초승달	상현달	보름달
달의 위치	서쪽 하늘에 낮게 떠 있음	남쪽 하늘에 높게 떠 있음	동쪽 하늘에 낮게 떠 있음

② 달의 모양과 위치가 변하는 이유

　　㉠ 달은 스스로 빛을 내지 못하므로 태양 빛을 받는 부분은 밝게 보이고, 그러지 못한 부분은 어둡게 보여 위치에 따라 지구에서 보이는 달의 모양이 바뀐다.

　　㉡ 달은 한 달에 한 번씩 지구 주위를 돌기 때문에 매일 같은 시각, 같은 장소에서 달을 관찰하면 달의 위치가 조금씩 바뀐다.

> **바른로 확인 ▶▶**
>
> **다음 설명에 해당하는 달의 모양은?**
>
> • 음력 7~8일 경에 볼 수 있다.
> • 반원 모양의 달을 볼 수 있다.
>
> ① 초승달　　　**❷ 상현달**
> ③ 보름달　　　④ 그믐달

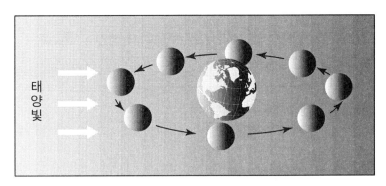

[달의 움직임]

01 지구와 달에 대한 설명으로 옳지 <u>않은</u> 것은?

① 지구에는 공기가 있다.

② 달에는 운석 구덩이가 있다.

③ 지구에는 다양한 생물이 산다.

④ 달에는 지구보다 붙이 더 많다.

02 사진은 달 표면의 일부이다. ㉠과 같은 구덩이가 생긴
기출 까닭으로 가장 적절한 것은?

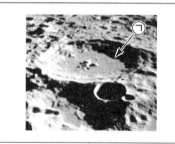

① 강물이 흘러서   ② 바람이 불어서

③ 땅이 흔들려서   ④ 운석이 부딪혀서

03 지구에서 생물들이 살아가는 데 꼭 필요한 것이 <u>아닌</u>
것은?

① 물   ② 공기

③ 운석   ④ 알맞은 온도

01
④ 지구에는 물이 있는 바다가 있는 반면, 달에는 물이 거의 없다.

02
달의 표면에 운석이 부딪히면서 만들어진 구덩이이다.

03
지구에서 생물들이 살아가는 데 꼭 필요한 것 : 물, 공기, 알맞은 온도, 음식(영양분), 햇빛 등

ANSWER
01. ④   02. ④   03. ③

04 다음 중 지구와 비교하여 달에서 생물이 살 수 없는 이유로 옳지 <u>않은</u> 것은?

① 흙이 많이 있기 때문에

② 물이 거의 없기 때문에

③ 낮에 매우 뜨겁기 때문에

④ 공기가 거의 없기 때문에

05 그림과 같이 지구가 축을 중심으로 하루에 한 바퀴씩 회전하는 현상은?

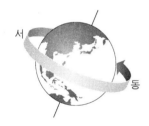

① 공전

② 대류

③ 순환

④ 자전

06 지구가 자전하기 때문에 나타나는 현상은?

① 사계절이 생긴다.

② 낮과 밤이 생긴다.

③ 달의 모양이 변한다.

④ 계절에 따라 보이는 별자리가 달라진다.

04
달에는 물과 공기가 거의 없으며, 낮에는 매우 뜨겁고 밤에는 매우 춥기 때문에 생물이 살 수 없다.

05
지구의 자전은 지구가 한 축을 중심으로 하루에 한 바퀴씩 서쪽에서 동쪽으로(반시계 방향) 스스로 도는 것을 말한다.

06
자전은 지구가 한 축을 중심으로 하루에 한 바퀴씩 서쪽에서 동쪽으로 도는 것이다. 따라서 태양 빛을 받는 지역은 낮이 되고, 태양 빛을 받지 못하는 지역은 밤이 된다.

ANSWER

04. ① 05. ④ 06. ②

07 그림에서 학생들이 보고 있는 달은?

① 보름달   ② 상현달

③ 초승달   ④ 하현달

07

① 보름달 : 음력 15일 무렵에 뜨는 동 그란 달
② 상현달 : 음력 8일 무렵에 뜨는 오른 쪽이 둥근 반달
④ 하현달 : 음력 22~23일 무렵에 뜨 는 왼쪽이 둥근 반달

08 다음 중 음력 15일 오후 6시경 동쪽 하늘에서 볼 수 있는 달은?

①   ②

③   ④

08

음력 15일 오후 6시에 달을 관찰하면, 동쪽 하늘에 보름달이 낮게 떠 있다.

05 태양계와 별

(1) 태양계의 구성

① 태양계의 구성 요소

㉠ 태양계 : 태양과 태양 주위에 있는 것들이 운동하는 공간

㉡ 태양계의 중심에는 태양이 있다.

㉢ 태양 주위에 있는 것 : 8개의 행성, 위성, 소행성, 혜성

② 태양계 행성의 종류와 특징

행성	특징
수성	• 지구의 안쪽에서 돌고 있으며, 태양계 내에서 가장 작음 • 표면의 온도가 높고, 대기는 없음
금성	• 지구에서 가장 가깝고, 지구의 안쪽에서 돌고 있음 • 이산화 탄소로 이루어진 두꺼운 대기를 가지고 있음
지구	• 다른 행성과는 달리 물이 있으며, 유일하게 생명체가 살고 있음 • 1개의 위성을 가지고 있음(지구의 위성은 달임)
화성	• 지구의 바로 바깥쪽을 돌며, 붉은색임 • 여러 개의 대형 화산과 협곡이 발견되며, 2개의 위성을 가지고 있음
목성	• 가장 큰 행성으로, 동서 방향의 줄무늬가 있음 • 이오를 비롯한 많은 위성을 가지고 있음
토성	• 두 번째로 큰 행성이며, 여러 개의 고리가 있음 • 고리들은 얼음이나 얼음으로 둘러싸인 암석 덩어리로 생각됨 • 미마스, 타이탄 등 많은 위성을 가지고 있음
천왕성	• 세 번째로 큰 행성이며, 여러 개의 고리와 많은 위성을 가지고 있음 • 다른 행성들과 달리 거의 누워서 자전함
해왕성	• 태양에서 가장 멀리 떨어져 있음 • 푸른색으로 보이며, 여러 개의 고리와 위성이 있음

③ 태양이 소중한 이유

㉠ 식물이 햇빛을 받아 광합성을 하여 영양분을 만들고, 사람과 다른 동물들은 식물을 먹이로 하여 살아간다.

ⓒ 사람을 포함한 지구의 생물들은 태양에서 오는 빛과 열을 이용하여 살아간다.

(2) 태양계 행성의 크기 중요⁺

① 행성의 크기 비교

㉠ 지구와 크기가 비슷한 행성 : 금성

㉡ 지구보다 큰 행성 : 목성, 토성, 천왕성, 해왕성

㉢ 지구보다 작은 행성 : 수성, 금성, 화성

㉣ 행성의 크기가 큰 순서 : 목성 〉 토성 〉 천왕성 〉 해왕성 〉 지구 〉 금성 〉 화성 〉 수성

> **바름으로 확인 ▶▶**
>
> 표는 지구의 반지름을 1로 했을 때 태양계 행성 일부의 상대적 크기를 나타낸 것이다. 다음 중 행성의 크기가 가장 큰 것은?
>
> | 행성 | 금성 | 지구 | 화성 | 목성 |
> |---|---|---|---|---|
> | 상대적 크기 | 0.9 | 1.0 | 0.5 | 11.2 |
>
> ① 화성 ② 금성
> ③ 지구 ❹ 목성

② 지구의 반지름을 1로 보았을 때, 태양과 각 행성의 반지름

명칭	반지름	명칭	반지름	명칭	반지름
태양	109	지구	1	토성	9.4
수성	0.4	화성	0.5	천왕성	4.0
금성	0.9	목성	11.2	해왕성	3.9

(3) 태양에서 행성까지의 거리 중요⁺

① 태양에서 행성까지의 거리 비교

㉠ 지구에서 가장 가까운 행성 : 금성

㉡ 지구에서 가장 먼 행성 : 해왕성

㉢ 태양에서 가까운 행성의 순서 : 수성, 금성, 지구, 화성, 목성, 토성, 천왕성, 해왕성

㉣ 태양에서 멀어질수록 행성 사이의 거리는 멀어진다.

㉤ 지구와 태양 사이의 거리가 멀기 때문에 지구에서 태양을 보면 작게 보인다.

② 태양에서 지구까지의 거리를 1로 보았을 때, 태양에서 행성까지의 상대적인 거리

행성	태양에서 행성까지의 상대적인 거리	행성	태양에서 행성까지의 상대적인 거리
수성	0.4	목성	5.2
금성	0.7	토성	9.5
지구	1.0	천왕성	19.2
화성	1.5	해왕성	30.1

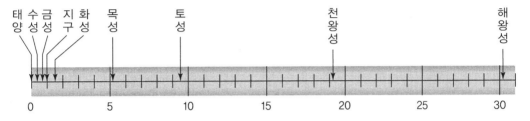

(4) 태양계 행성의 움직임

① 공전 : 행성이 태양 주위를 도는 것

② 지구를 포함한 행성은 자전을 하면서 태양을 중심으로 공전하고 있다.

③ 북반구에서 본 태양계 행성의 공전 방향은 모두 시계 반대 방향이다.

　→ 남반구에서 보면 태양계 행성의 공전 방향은 모두 시계 방향임

④ 태양 주위를 한 바퀴 공전하는 데 걸리는 시간은 행성마다 다르다.

　→ 태양에서 멀어질수록 한 바퀴 공전하는 데 오랜 시간이 걸림

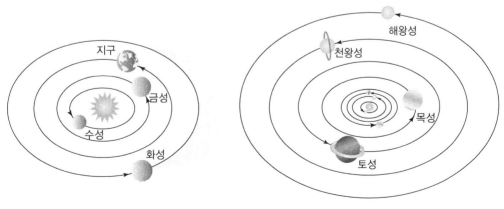

[태양계 행성의 공전 방향]

(5) 하룻밤 동안 별자리의 위치가 변하는 이유

① 하루 동안 태양이나 달의 위치가 변하는 방향과 별자리의 위치가 변하는 방향은 같다.

② 별자리가 동쪽에서 서쪽으로 움직이는 것처럼 보이는 것은 별자리가 움직이는 것이 아니라 지구가 서쪽에서 동쪽으로 자전하기 때문이다.

(6) 북쪽 하늘에 보이는 별자리 중요⁺

① 북쪽 하늘에서 보이는 별자리

ㄱ 북두칠성 : 국자 모양으로 큰곰자리의 꼬리 부분에 해당한다.

ㄴ 카시오페이아자리 : 알파벳 W(M)자 모양이다.

ㄷ 북극성 : 작은곰자리의 꼬리 끝 부분에 있다.

> **바르르로 확인 ▶▶**
>
> **다음 설명에 해당하는 것은?**
>
> • 북쪽 하늘에서 볼 수 있다.
> • 국자 모양으로 생겼다.
> • 큰곰자리의 꼬리 부분에 해당한다.
>
> ① 북극성   ② 사자자리
> ❸ 북두칠성   ④ 오리온자리

② 북극성 찾는 방법

ㄱ 북두칠성을 이용하여 북극성 찾기 : 북두칠성의 ㉮와 ㉯ 거리의 5배 되는 곳에 북극성이 있다.

ㄴ 카시오페이아자리를 이용하여 북극성 찾기 : 카시오페이아자리의 ㉰와 ㉱ 거리의 5배 되는 곳에 북극성이 있다.

용어 설명▶ 별 : 태양처럼 스스로 빛을 내는 천체
별자리 : 밤하늘의 별을 쉽게 찾기 위하여 동물이나 인물 등의 이름을 붙여 놓은 것

[북극성 찾는 방법]

(7) 계절에 따라 보이는 별자리

① 계절에 따라 잘 관찰되는 별자리

봄	목동자리, 처녀자리, 사자자리
여름	거문고자리, 독수리자리, 백조자리
가을	페가수스자리, 물병자리, 물고기자리
겨울	황소자리, 작은개자리, 오리온자리, 쌍둥이자리

② 계절에 따라 보이는 별자리가 달라지는 이유 : 지구가 태양 주위를 공전하기 때문이다.

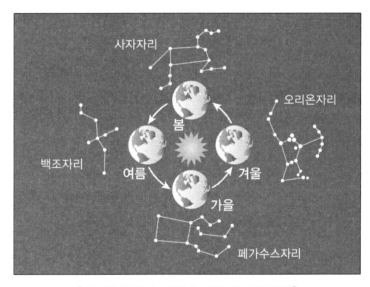

[지구의 공전과 계절에 따른 별자리 변화]

01 다음 설명에 해당하는 것은?

> • 태양, 행성, 위성, 혜성 등이 있다.
> • 태양과 태양 주위에 있는 것들이 운동하는 공간을 말한다.

① 달　　　　　　　② 지구
③ 소행성　　　　　④ 태양계

01
태양계는 태양과 태양 주위에 있는 것들이(8개의 행성, 위성, 소행성, 혜성) 운동하는 공간을 말한다.

02 다음 설명에 해당하는 행성을 〈보기〉에서 고른 것은?
기출

> • 뚜렷한 고리가 있다.
> • 태양계의 행성 중 두 번째로 크다.

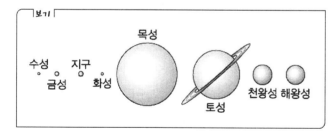

① 수성　　　　　　② 지구
③ 토성　　　　　　④ 화성

02
토성은 두 번째로 큰 행성으로, 여러 개의 고리가 있다. 고리들은 얼음이나 얼음으로 둘러싸인 암석 덩어리로 생각되며 미마스, 타이탄 등 많은 위성을 가지고 있다.

03 다음 중 지구와 크기가 가장 비슷한 행성은?

① 목성　　　　　　② 금성
③ 토성　　　　　　④ 천왕성

03
지구의 반지름을 1로 보았을 때, 금성은 반지름이 0.9로 크기가 가장 비슷하다.

ANSWER
01. ④　02. ③　03. ②

04 그림은 지구의 반지름을 1이라고 할 때, 행성의 상대적 **기출** 인 크기를 나타낸 것이다. 다음 중 가장 작은 행성은?

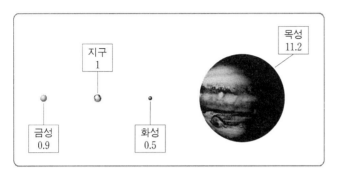

① 금성 　　　　② 지구
③ 화성 　　　　④ 목성

05 그림은 태양에서 행성까지의 상대적 거리를 나타낸 것 **기출** 이다. 태양에서 가장 멀리 있는 행성은?

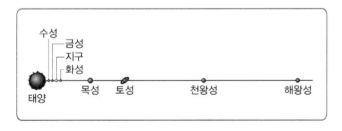

① 수성 　　　　② 지구
③ 목성 　　　　④ 해왕성

06 표는 태양에서 지구까지의 거리를 1이라고 보았을 때, **기출** 태양에서 행성까지의 상대적인 거리를 나타낸 것이다. 태양에서 거리가 가장 가까운 행성은?

행성	수성	금성	지구	화성
상대적인 거리	0.4	0.7	1	1.5

① 수성　　　　② 금성

③ 지구　　　　④ 화성

06

태양에서 지구까지의 거리를 1이라고 보았을 때, 수성의 상대적인 거리는 0.4이므로 태양과 가장 가까움을 알 수 있다.

07 태양계 행성의 움직임에 대한 설명으로 옳지 <u>않은</u> 것은?

① 행성이 태양 주위를 도는 것을 공전이라고 한다.

② 태양에서 멀어질수록 한 바퀴 공전하는 데 오랜 시간이 걸린다.

③ 북반구에서 본 태양계 행성의 공전 방향은 모두 시계 방향이다.

④ 지구를 포함한 행성은 자전을 하면서 태양을 중심으로 공전하고 있다.

07

③ 북반구에서 본 태양계 행성의 공전 방향은 모두 시계 반대 방향이다.

08 그림의 ㉠에 해당하는 것은? **기출**

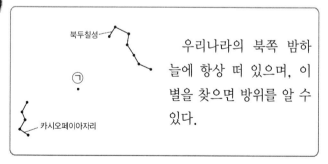

우리나라의 북쪽 밤하늘에 항상 떠 있으며, 이 별을 찾으면 방위를 알 수 있다.

① 달　　　　② 금성

③ 혜성　　　　④ 북극성

08

북쪽 밤하늘에 고정되어 움직이지 않아 방향을 찾을 수 있는 별은 북극성이다. 나침반이 발견되기 전에는 북극성을 이용하여 방위를 찾을 수 있었다.

09 다음 설명에 해당하는 별자리는?

- 우리나라 북쪽 하늘에서 볼 수 있다.
- 알파벳 W(M)자 모양이다.

① 사자자리   ② 오리온자리

③ 안드로메다자리   ④ 카시오페이아자리

10 다음 중 여름에 잘 관찰되는 별자리는?

① 처녀자리   ② 백조자리

③ 물병자리   ④ 오리온자리

11 계절에 따라 보이는 별자리가 달라지는 이유는?

① 달의 자전   ② 달의 공전

③ 지구의 자전   ④ 지구의 공전

09

카시오페이아자리는 북쪽 하늘에 보이는 별자리로, 알파벳 W(M)자 모양을 하고 있다.

10

①은 봄, ③은 가을, ④는 겨울에 잘 관찰되는 별자리이다.

11

계절에 따라 보이는 별자리가 달라지는 이유는 지구가 태양 주위를 공전하기 때문이다.

Ⓐ Ⓝ Ⓢ Ⓦ Ⓔ Ⓡ

09. ④   **10.** ②   **11.** ④

06 계절의 변화

(1) 태양의 고도와 기온의 관계

① 하루 동안 태양의 고도와 그림자의 길이, 기온의 변화

  ㉠ 태양의 고도 : 오전에 점차 높아지다가 낮 12시 30분경에 가장 높고, 그 후 낮아진다.

  용어설명 태양의 고도 : 태양이 지표면과 이루는 각으로, 태양의 고도가 높으면 태양이 높이 떠 있다는 것을 뜻함

  ㉡ 그림자의 길이 : 오전에 점차 짧아지다가 낮 12시 30분경에 가장 짧고, 그 후 길어진다.

  ㉢ 기온의 변화 : 오전에 점차 높아지다가 오후 2시 30분경에 가장 높고, 그 후 낮아진다. → 지표면이 데워지고, 데워진 지표면에 의해 공기의 온도가 올라가는 데 시간이 걸리기 때문에 기온은 태양의 고도가 가장 높을 때인 낮 12시 30분에서 약 2시간이 지난 오후 2시 30분경에 가장 높아짐

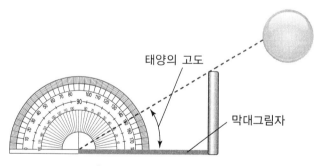

[태양의 고도 측정 방법]

② 태양의 고도가 높아질수록 그림자의 길이는 짧아지고, 기온은 높아진다.

③ 태양의 남중 고도 : 하루 중 태양의 고도가 가장 높을 때(남쪽 하늘에 있을 때)의 고도로, 낮 12시 30분경 그림자의 길이가 가장 짧을 때 측정할 수 있다.

(2) 계절에 따른 태양의 남중 고도 변화 중요⁺

① 태양의 남중 고도는 1월부터 점차 높아져서 6월(하지)에 가장 높고, 다시 점차 낮아져서 12월(동지)에 가장 낮다.

→ 태양의 남중 고도는 여름에 가장 높고, 겨울에 가장 낮음

② 봄(춘분)과 가을(추분)의 남중 고도는 서로 같으며, 여름과 겨울의 중간 정도이다.

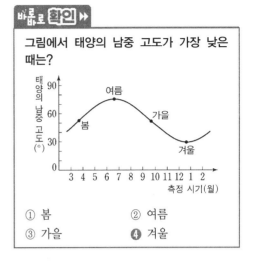

바로바로 확인 ▶

그림에서 태양의 남중 고도가 가장 낮은 때는?

① 봄   ② 여름
③ 가을   ❹ 겨울

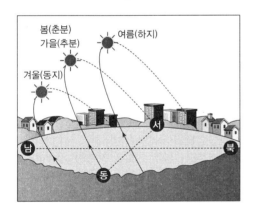

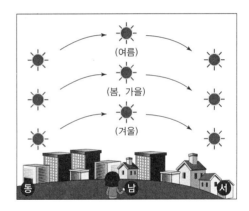

[계절별 태양의 위치 변화]

(3) 계절에 따른 낮과 밤의 길이와 기온 변화

① 낮의 길이 : 6월(하지)에 가장 길고, 12월(동지)에 가장 짧다.

→ 여름에 낮의 길이가 가장 길고, 겨울에 밤의 길이가 가장 긺

② 연평균 기온 : 8월(여름)에 가장 높고, 1월(겨울)에 가장 낮다.

③ 계절에 따라 기온이 달라지는 이유

㉠ 태양의 남중 고도가 높아질수록 일정한 면적에 도달하는 태양 에너지의 양이 많아져 기온이 높아진다.

ⓛ 태양의 남중 고도가 높은 여름에는 일정한 면적에 도달하는 태양 에너지의 양이 많아 기온이 높지만, 겨울에는 태양의 남중 고도가 낮아 일정한 면적에 도달하는 태양 에너지의 양이 적어 기온이 낮다.

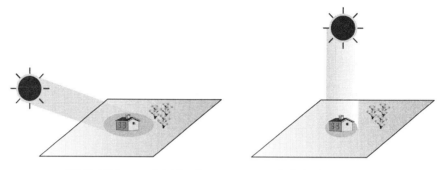

태양의 남중 고도가 낮을 때   태양의 남중 고도가 높을 때

[태양의 남중 고도에 따른 일정한 면적에 도달하는 태양 에너지의 양]

(4) 계절이 변하는 이유

지구는 자전축이 기울어진 채 태양 주위를 공전하기 때문에 태양의 남중 고도가 달라져서 계절, 낮의 길이, 기온 등이 변한다.

→ 자전축이 수직일 경우에는 태양의 남중 고도가 변하지 않아 계절의 변화가 일어나지 않음

실전 예상 문제

01 다음 중 태양의 고도가 가장 높은 시각은?

① 9시 30분 ② 11시 30분

③ 12시 30분 ④ 15시 30분

02 하루 동안 태양의 고도가 가장 높은 시각과 기온이 가장 높은 시각이 일치하지 않는 이유는?

① 지표면이 빨리 식기 때문에

② 지표면이 고르지 않기 때문에

③ 지표면이 천천히 식기 때문에

④ 지표면이 데워지는 데 시간이 걸리기 때문에

03 태양의 남중 고도에 대한 설명으로 옳은 것은?

① 하루 동안 기온이 가장 높은 때

② 하루 동안 태양이 정동쪽에 위치할 때

③ 하루 동안 태양의 고도가 가장 낮은 때

④ 하루 동안 그림자 길이가 가장 짧은 때

04 그림은 우리나라의 남쪽 하늘을 지나는 태양의 위치를
계절별로 나타낸 것이다. 태양의 남중 고도가 가장 높은
계절은?

① 봄   ② 여름

③ 가을   ④ 겨울

04
태양의 남중 고도란 하루 중 태양의 고도가 가장 높을 때의 고도를 말하며, 6월(여름)에 가장 높고, 12월(겨울)에 가장 낮다.

05 태양의 남중 고도가 가장 높은 계절의 특징으로 옳은
것은?

① 낮과 밤의 길이가 같다.

② 낮의 길이가 밤의 길이보다 길다.

③ 사계절 중 평균기온이 가장 낮다.

④ 기온이 영하로 떨어지고 눈이 온다.

05
태양의 남중 고도가 가장 높은 여름에는 낮의 길이가 길고, 가장 낮은 겨울에는 낮의 길이가 짧다.

06 그래프는 일 년 동안 우리나라의 낮의 길이를 나타낸
것이다. 낮의 길이가 가장 짧은 계절은?

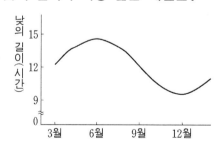

① 봄   ② 여름

③ 가을   ④ 겨울

06
겨울은 1년 중 남중 고도가 가장 낮고, 낮의 길이가 가장 짧아진다.

ANSWER
04. ②   **05.** ②   **06.** ④

07 다음 표에서 기온이 가장 높은 달은?

〈 서울 지방의 월평균 기온 〉

월	2	4	6	8	10	12
평균 기온 (℃)	영하 1.1	11.8	21.5	25.4	14.3	영하 0.4

① 2월   ② 4월

③ 8월   ④ 10월

07

월평균 기온은 8월(여름)에 가장 높고, 1월(겨울)에 가장 낮다.

08 다음 중 지구의 자전축이 기울어진 채 태양 주위를 공전하기 때문에 변하는 것이 <u>아닌</u> 것은?

① 계절   ② 낮의 길이

③ 태양의 남중 고도   ④ 지구의 자전 속도

08

지구는 자전축이 기울어진 채 태양 주위를 공전하기 때문에 태양의 남중 고도가 달라져서 계절, 낮의 길이, 기온 등이 변한다.

ANSWER

07. ③   08. ④

07 날씨의 변화

(1) 습도

① 건습구 온도계로 습도 측정하기

㉠ 실험 방법

ⓐ 스탠드와 조임틀(클램프)을 이용하여 온도계 2개를 설치한다.

ⓑ 온도계 하나는 그대로 두고, 다른 하나는 온도계의 구부를 헝겊으로 감싼다.

ⓒ 비커에 물을 넣은 다음, 헝겊으로 감싼 온도계의 헝겊이 물에 닿도록 한다.

ⓓ 10분이 지난 다음, 두 온도계의 온도를 측정하고, 습도를 알아본다.

ⓔ 습도표를 보고, 습도를 읽는다.

습구 온도계 / 건구 온도계

㉡ 실험 결과

ⓐ 그대로 둔 온도계를 '건구 온도계', 헝겊으로 감싸고 물에 담가 둔 온도계를 '습구 온도계'라고 한다.

ⓑ 10분 후의 온도 측정 결과

건구 온도	습구 온도
26℃	23℃

↓

온도 차	습도
3℃	78%

습구 온도 (℃)	건구와 습구의 온도 차(℃)					
	0	1	2	3	4	5
20	100	91	83	76	69	63
21	100	92	84	77	70	64
22	100	92	84	77	71	65
23	100	92	84	78	71	65

→ 건구 온도와 습구 온도의 차이로 습도를 알 수 있음

→ 습도표 읽는 법 : 습도표의 맨 왼쪽 세로줄에서 습구 온도를 찾고, 건구와 습구의 온도 차를 위쪽의 가로줄에서 찾아 두 값이 서로 만나는 곳의 숫자를 읽음

용어 설명 습도 : 공기 중에 수증기가 포함된 정도를 말하며, 보통 % 단위로 씀

② 건구 온도와 습구 온도가 차이가 나는 이유

    ㉠ 습구 온도계에 씌워 놓은 헝겊을 타고 올라온 물이 증발하면서 열을 빼앗아 가 온도계의 온도가 내려가기 때문에 건구보다 습구의 온도가 더 낮게 나타난다.

    ㉡ 건구 온도와 습구 온도의 차이가 클수록 습도가 낮다(공기가 건조하다).

③ 습도가 우리 생활에 미치는 영향

습도가 높은 날	• 빨래가 잘 마르지 않음 • 쇠붙이에 쉽게 녹이 생기고, 음식이 상하기 쉬움
습도가 낮은 날	• 빨래가 잘 마름 • 화재의 위험성이 높음

📁 알아두기

습도를 조절하는 방법

1. **습도가 높을 때** : 창문을 열어 통풍을 시키거나 제습기, 난로 등을 사용하여 습도를 낮춘다.
2. **습도가 낮을 때** : 젖은 수건을 걸어두거나 가습기를 사용하여 습도를 높인다.

(2) 이슬, 안개, 구름, 비, 눈

① 이슬, 안개, 구름, 비, 눈

    ㉠ 이슬 : 새벽에 차가워진 나뭇가지나 풀잎 등에 수증기가 응결하여 이루어진 작은 물방울

    ㉡ 안개 : 공기 중의 수증기가 지표면 근처에서 응결하여 공기 중에 떠 있는 것

    ㉢ 구름 : 공기 중의 수증기가 높은 하늘에서 응결하여 작은 물방울 상태로 떠 있는 것

       → 물방울이 생성된 높이에 따라 낮은 곳에서는 안개, 높은 곳에서는 구름으로 구분됨

    ㉣ 비 : 하늘에 떠 있던 구름 속의 물방울이 커져서 무거워지면 땅으로 떨어지는 것

용어설명 응결 : 기체인 수증기가 액체인 물방울로 맺히는 현상

바로로 확인 ▶▶

다음 설명에 해당하는 것은?

> 공기 중의 수증기가 응결하여 풀잎에 닿아 맺힌 물방울이다.

① 눈   ② 황사
③ 바람   ❹ 이슬

ⓜ 눈 : 구름 속 얼음 알갱이의 크기가 커지면서 무거워져 떨어질 때 녹지 않은 채로 떨어지는 것

② 공기 중의 수증기가 비로 내리는 과정

> 공기 중의 수증기가 높은 하늘에서 응결하여 작은 물방울 상태로 떠 있음(구름)

⬇

> 작은 물방울이 서로 뭉쳐 점점 커짐

⬇

> 구름 속의 물방울이나 얼음 알갱이가 커져서 무거워지면 땅으로 떨어짐(비, 눈)

(3) 지면(모래)과 수면(물)의 온도 변화

① 하루 동안 지면과 수면의 온도 변화

ㄱ 낮에는 지면의 온도가 수면의 온도보다 높아지고, 밤에는 지면의 온도가 수면의 온도보다 낮아진다.

ㄴ 하루 동안 지면의 온도 변화가 수면의 온도 변화보다 크다.

→ 낮에는 지면이 수면보다 빨리 데워지고, 밤에는 지면이 수면보다 빨리 식음

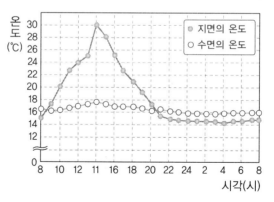

[하루 동안의 지면과 수면의 온도 변화]

② 하루 동안 지면과 수면의 온도 변화가 다른 이유

ㄱ 지면은 불투명해서 얕게 데워지기 때문이다.

ㄴ 수면은 투명해서 깊게 데워지고, 액체이므로 대류 현상이 일어나서 골고루 데워지기 때문이다.

(4) 바람, 고기압, 저기압 중요⁺

① 바람이 부는 이유 : 주위보다 온도가 높은 곳의 공기는 상승하고, 온도가 낮은 곳의 공기는 그 곳을 채우기 위해서 이동하는데, 이때 공기가 옆으로 이동하는 것을 '바람'이라고 한다.

② 바닷가에서의 낮과 밤의 바람의 방향

바로바로 확인 ▶▶

그림과 같이 바다에서 육지로 부는 바람의 이름은?

육지 　　　　　　　바다

① 밀물　　　　　② 썰물
❸ 해풍　　　　　④ 육풍

　　ⓐ 해풍(바다 → 육지) : 낮에는 육지가 바다보다 빨리 데워져 육지 쪽의 공기가 더 따뜻하므로 바다에서 육지 쪽으로 바람이 분다.

　　ⓑ 육풍(육지 → 바다) : 밤에는 육지가 바다보다 빨리 식어서 바다 쪽의 공기가 더 따뜻하므로 육지에서 바다 쪽으로 바람이 분다.

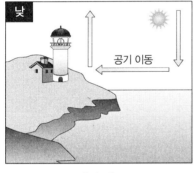

[해풍]

[육풍]

③ 고기압과 저기압

　　ⓐ 기압 : 공기의 무게에 의한 압력

　　ⓑ 고기압 : 기압이 주위보다 높은 곳

　　ⓒ 저기압 : 기압이 주위보다 낮은 곳

　　ⓓ 바람이 부는 방향 : 공기는 기압이 높은 곳에서 낮은 곳으로 이동하므로 바람이 고기압에서 저기압으로 분다.

(5) 우리나라의 계절별 날씨

① 우리나라로 불어오는 공기 덩어리의 성질

⑦ 대륙 쪽에서 불어오는 바람은 건조하고, 해양 쪽에서 불어오는 바람은 습기가 많다.

ⓒ 북쪽에서 불어오는 바람은 차고, 남쪽에서 불어오는 바람은 따뜻하다.

ⓒ 여름에는 덥고 습한 공기 덩어리가 해양으로부터 우리나라로 불어오고, 겨울에는 차갑고 건조한 대륙의 공기 덩어리가 우리나라로 불어온다.

② 우리나라의 계절별 날씨의 특징

계절	공기 덩어리의 성질	날씨
봄	서쪽 대륙에서 불어오는 공기 덩어리의 영향으로 따뜻하고 건조함	이동성 고기압과 저기압이 교대로 지나가 날씨가 주기적으로 맑거나 흐려 날씨의 변화가 심함
여름	남쪽 해양에서 불어오는 공기 덩어리의 영향으로 덥고 습함	저기압이 자리 잡아 비가 많이 내리거나 무더운 날씨가 계속됨
가을	서쪽 대륙에서 불어오는 공기 덩어리의 영향으로 선선하고 건조함	이동성 고기압이 나타나며, 이동성 고기압이 지나가면 저기압이 발달하여 주기적으로 날씨가 맑거나 흐려짐
겨울	북쪽 대륙에서 불어오는 공기 덩어리의 영향으로 춥고 건조함	시베리아 고기압의 영향으로 바람이 세게 불면서 춥고 건조한 날씨가 계속됨

⑦ 공기 덩어리가 대륙이나 해양과 같은 넓은 지역에 오랫동안 머물러 있으면, 공기 덩어리의 온도와 습도는 그 지역의 온도 및 습도와 비슷해진다.

ⓒ 우리나라는 계절마다 성질이 다른 공기 덩어리의 영향을 받는다.

01 건습구 온도계에 대한 설명으로 옳지 <u>않은</u> 것은?

① 건구 온도가 습구 온도보다 항상 낮다.

② 증발이 잘 일어날수록 습구 온도가 내려간다.

③ 건구 온도와 습구 온도의 차이로 습도를 알 수 있다.

④ 건구 온도와 습구 온도의 차이가 클수록 습도가 낮다.

01
① 건구 온도보다 습구 온도가 더 낮게 나타난다.

02 표는 건습구 습도계의 습도표의 일부이다. 건구 온도가 26℃이고, 습구 온도가 24℃일 때 습도는?

(단위 : %)

건구 온도 (℃)	건구 온도와 습구 온도 차(℃)			
	0	1	2	3
27	100	92	84	77
26	100	92	84	76
25	100	92	84	76

① 76% ② 84%

③ 92% ④ 100%

02
건구 온도는 26℃이고, 건구 온도와 습구 온도의 차는 2℃일 때 습도는 84%이다.

03 습도가 낮은 날이 계속될 때 나타날 수 있는 현상은?

① 음식이 상하기 쉽다.

② 화재의 위험성이 높다.

③ 빨래가 잘 마르지 않는다.

④ 쇠붙이에 쉽게 녹이 생긴다.

03
①·③·④는 습도가 높을 때 나타나는 현상이다.

ANSWER

01. ① **02.** ② **03.** ②

04 다음 설명에 해당하는 것은?

> 공기 중의 수증기가 높은 하늘에서 응결하여 작은 물방울 상태로 떠 있는 것이다.

① 비   ② 이슬

③ 안개   ④ 구름

05 하루 동안 모래와 바닷물의 온도 변화에 대한 설명으로 옳지 <u>않은</u> 것은?

① 밤에는 모래가 바닷물보다 빨리 식는다.

② 낮에는 모래보다 바닷물이 빨리 데워진다.

③ 밤에는 모래의 온도가 바닷물의 온도보다 낮다.

④ 낮에는 모래의 온도가 바닷물의 온도보다 높다.

06 바닷가에서 낮과 밤에 주로 부는 바람의 방향을 (가)와 **기출** (나)에 바르게 나타낸 것은?

시기	낮	밤
바람의 방향	육지 (가) 바다	육지 (나) 바다

     (가)   (나)   (가)   (나)

① ⇐   ⇒   ② ⇐   ⇐

③ ⇒   ⇐   ④ ⇒   ⇒

04

① 비 : 하늘에 떠 있던 구름 속의 물방울이 커져서 무거워지면 땅으로 떨어지는 것

② 이슬 : 새벽에 차가워진 나뭇가지나 풀잎 등에 수증기가 응결하여 이루어진 작은 물방울

③ 안개 : 공기 중의 수증기가 지표면 근처에서 응결하여 공기 중에 떠 있는 것

05

② 낮에는 모래(지면)가 바닷물(수면)보다 빨리 데워진다.

06

바닷가에서 낮에는 육지가 바다보다 빨리 데워져 육지 쪽의 공기가 더 따뜻하므로 바다에서 육지 쪽으로 바람이 불고, 밤에는 육지가 바다보다 빨리 식어서 바다 쪽의 공기가 더 따뜻하므로 육지에서 바다 쪽으로 바람이 분다.

A N S W E R

04. ④   **05.** ②   **06.** ①

07 그림의 (가)~(라) 중 우리나라의 겨울 날씨에 가장 큰
기출 영향을 주는 것은?

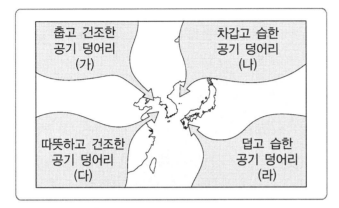

① (가)
② (나)
③ (다)
④ (라)

08 다음 일기도에 해당하는 우리나라의 계절은?

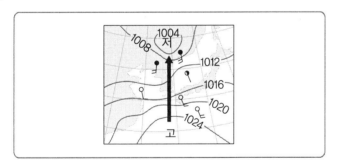

① 봄
② 여름
③ 가을
④ 겨울

07

우리나라의 겨울에는 북쪽 대륙에서 불어오는 공기 덩어리의 영향으로 춥고 건조하다.

08

여름에는 바람이 해양에서 대륙 쪽으로 불고, 우리나라의 경우 여름에 남쪽이나 남동쪽에서 더운 바람이 불어와 덥고 습한 날씨가 계속된다.

ANSWER

07. ① **08.** ②

단원 마무리 문제

01 흙이 만들어지는 과정을 나타낸 것으로 <u>잘못된</u> 것은?

① 돌 → 흙　　　　② 모래 → 흙

③ 모래 → 돌　　　　④ 바위 → 모래

01

흙이 만들어지는 과정
바위 → 돌 → 모래 → 흙

02 파도의 퇴적 작용에 의해 생긴 지형은?

① 모래사장　　　　② 해식 동굴

③ 해식 절벽　　　　④ 침식 지형

02

②·③·④는 파도의 침식 작용에 의해 생긴 지형이다.

03 다음 중 퇴적암끼리 바르게 짝지어진 것은?

① 이암－사암　　　　② 대리암－화강암

③ 화강암－편마암　　　④ 대리암－편마암

03

퇴적암의 종류 : 이암, 셰일, 사암, 역암, 석회암

04 화석에 대한 설명으로 옳은 것은?

① 화성암이나 변성암에서 발견되기도 한다.

② 지층 속에 남아 있는 고생물의 유해나 흔적을 말한다.

③ 모두 멸종되어 현재는 지구상에 살고 있지 않은 생물이다.

④ 생물이 죽은 지 몇백 년이 지나면 모두 화석이 될 수 있다.

04

① 화석은 주로 퇴적암 지층 속에서 발견된다.

③ 현재 지구상에 살고 있는 생물도 존재한다.

④ 죽은 생물이 시간이 지난다고 모두 화석이 되는 것은 아니다.

A N S W E R

01. ③ **02.** ① **03.** ① **04.** ②

05 다음 중 화석인 것은?

① 토기

② 미라

③ 호박 속의 곤충 화석

④ 진흙에 찍힌 발자국

06 다음 그림은 화산이 분출하는 모습을 나타낸 것이다. ㉠에서 만들어진 암석은 무엇인가?

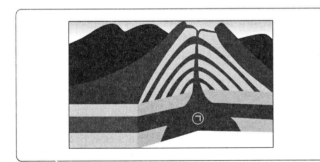

① 이암
② 사암
③ 화강암
④ 현무암

05

③ 돌로 변하지 않았더라도 약 1만 년 이전에 살았던 생물의 몸체나 흔적이 남아 있는 것을 모두 화석이라고 한다.

06

화강암 : 땅속 깊은 곳에서 마그마가 서서히 굳어져서 만들어진 암석

ANSWER
05. ③ 06. ③

07 다음은 어떤 암석을 관찰한 것인가?

> • 암석의 색이 검다.
> • 알갱이의 크기가 매우 작다.
> • 표면에 크고 작은 구멍이 뚫려 있다.

① 역암   ② 사암
③ 현무암   ④ 화강암

07
현무암은 화산 활동에 의해 만들어진 암석으로, 지표 가까이에서 용암이 빠르게 굳어져서 만들어진다. 색은 어두운 색이고, 거칠거칠하며, 겉표면에 크고 작은 구멍이 많이 뚫려 있다.

08 지진대와 화산대에 대한 설명으로 옳지 <u>않은</u> 것은?

① 지진대와 화산대는 일치한다.
② 지진대는 지진이 자주 발생하는 지역을 말한다.
③ 화산대는 화산이 자주 발생하는 지역을 말한다.
④ 지진과 화산 활동은 모두 힘이 흩어지는 곳에서 발생한다.

08
④ 지진과 화산 활동은 모두 힘이 집중되는 곳에서 발생한다.

09 다음 중 지구가 둥글다는 증거로 옳지 <u>않은</u> 것은?

① 동쪽으로 갈수록 해가 빨리 뜬다.
② 월식 때 달에 비친 지구의 그림자가 둥글다.
③ 높은 곳이나 낮은 곳이나 보이는 범위가 같다.
④ 인공위성으로 찍은 지구의 사진이 둥근 모양이다.

09
③ 지구는 둥글기 때문에 높은 곳에서 볼수록 더 멀리 보인다.

10 달의 모습에 대한 설명으로 옳은 것은?

① 푸른 숲이 있다.
② 물이 있는 바다가 있다.
③ 전체적인 모양이 둥글다.
④ 운석 구덩이가 거의 없다.

10
달은 지구와 같이 둥근 모양이며, 회색빛을 띄고, 물이 있는 바다가 없으며, 크고 작은 운석 구덩이들이 많다.

A N S W E R
07. ③ **08.** ④ **09.** ③ **10.** ③

11 하루 동안 달이 움직이는 것처럼 보이는 이유는?

① 달이 자전하기 때문에

② 지구가 자전하기 때문에

③ 달이 둥근 모양이기 때문에

④ 지구가 자전하지 않기 때문에

11

하루 동안 달도 태양과 같이 동쪽에서 서쪽으로 움직이는 것처럼 보이는데, 그 이유는 지구가 서쪽에서 동쪽(반시계 방향)으로 자전하기 때문이다.

12 다음 중 태양에서 가장 가까운 행성은?

① 금성　　　　　② 수성

③ 화성　　　　　④ 목성

12

태양에서 가까운 행성의 순서 : 수성, 금성, 지구, 화성, 목성, 토성, 천왕성, 해왕성

13 다음 중 태양 주위를 공전하는 데 걸리는 시간이 가장 긴 행성은?

13

태양에서 멀어질수록 한 바퀴 공전하는 데 오랜 시간이 걸린다. 그러므로 태양에서 가장 먼 곳에 있는 해왕성이 공전하는 데 걸리는 시간이 가장 길다.

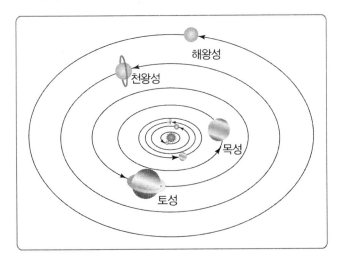

① 목성　　　　　② 토성

③ 천왕성　　　　④ 해왕성

┈ ANSWER ┈

11. ② 　12. ② 　13. ④

14 다음 중 겨울에 잘 관찰되는 별자리는?

① 물병자리　　　　② 처녀자리
③ 거문고자리　　　④ 쌍둥이자리

15 다음 중 그림자의 길이가 가장 짧은 시각은?

① 오전 6시 30분경　② 오전 10시 30분경
③ 오후 12시 30분경　④ 오후 6시 30분경

16 그림은 우리나라의 계절에 따른 태양의 이동을 나타낸 것이다. 태양의 남중 고도가 가장 낮은 계절은?

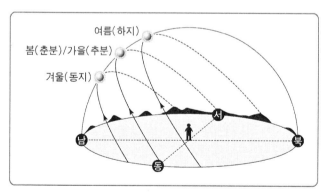

① 봄　　　　② 여름
③ 가을　　　④ 겨울

17 여름에 기온이 높은 이유로 옳은 것은?

① 태양의 고도가 낮아서

② 태양의 고도가 높아 낮이 짧아져서

③ 태양의 고도가 낮아 낮이 길어져서

④ 태양의 고도가 높아 태양 에너지의 양이 많기 때문에

18 다음 설명에 해당하는 것은?

> 구름 속의 작은 물방울이 모여서 땅에 떨어지는 것

① 비   ② 이슬

③ 안개   ④ 수증기

19 바닷가에서 낮과 밤에 부는 바람의 방향을 바르게 나타낸 것은?

① 낮 – 육지에서 바다로 바람이 분다.

② 낮 – 바다에서 육지로 바람이 분다.

③ 밤 – 바다에서 육지로 바람이 분다.

④ 밤 – 바다에서 바람이 불지 않는다.

20 우리나라의 계절별 날씨에 대한 설명으로 옳은 것은?

① 여름에는 동풍이 불고 덥고 건조하다.

② 겨울에는 주로 남쪽에서 바람이 분다.

③ 봄에는 북쪽 대륙의 영향으로 따뜻하고 습하다.

④ 가을에는 서쪽 대륙의 신선하고 건조한 공기 덩어리의 영향을 받는다.

17

태양의 남중 고도가 높은 여름에는 일정한 면적에 도달하는 태양 에너지의 양이 많아 기온이 높다.

18

② 이슬 : 새벽에 차가워진 나뭇가지나 풀잎 등에 수증기가 응결하여 이루어진 작은 물방울

③ 안개 : 공기 중의 수증기가 지표면 근처에서 응결하여 공기 중에 떠 있는 것

④ 수증기 : 기체 상태로 되어 있는 물

19

낮에는 육지가 바다보다 빨리 데워져 육지 쪽의 공기가 더 따뜻하므로 바다에서 육지 쪽으로 바람이 부는데, 이것을 해풍이라고 한다.

20

① 여름에는 남풍이나 남동풍이 불고 덥고 습하다.

② 겨울에는 주로 북쪽이나 북서쪽에서 바람이 분다.

③ 봄에는 서쪽 대륙에서 불어오는 공기 덩어리의 영향으로 따뜻하고 건조하다.

ANSWER

17. ④   **18.** ①   **19.** ②   **20.** ④

NOTE

솔솔풀리는

초졸 검정고시
과학

2025년 1월 10일 개정판 발행
2012년 1월 19일 초판 발행

편 저 자 검정고시 학원연합회
발 행 인 전 순 석
발 행 처 정훈사
주　　소 서울특별시 중구 마른내로 72, 421호 A
등　　록 제2014-000104호
전　　화 (02) 737-1212
팩　　스 (02) 737-4326
